Marie-Madeleine Costes-Le Guet et Monique Borgat

Comprendre – S'exprimer
Lire - Écrire

Bases orales et écrites du français
pour adultes francophones et non francophones

Illustrations de Valérie Benzbir

L'Harmattan
5-7, rue de l'École-Polytechnique
75005 Paris
FRANCE

L'Harmattan Hongrie
Hargita u. 3
1026 Budapest
HONGRIE

L'Harmattan Italia
Via Degli Artisti, 15
10124 Torino
ITALIE

ISBN : 2-7475-6835-0
EAN : 9782747568357

SOMMAIRE

Séquence 4 A la mairie.

- Compréhension et expression orales: (page 58)
  - Dialogue: Lucas et l'employée
  - Vocabulaire: Les pièces d'identité
- Etude des sons: Sons <oi> <oin> <ui>
  - f, ph, fl, fr, p, pl, pr, vr
  - exercices.
- Sensibilisation à la phrase.
- Lecture: Reprise des textes qui sont les supports de l'étude des sons.
- L'écrit: Retrouver l'ordre logique d'un texte.

Séquence 5 Au marché.

- Compréhension et expression orales: (page 70)
  - Dialogue: Arthur, Lucas et Maria font leurs courses.
  - Vocabulaire: Les achats, fruits, légumes, poissonnerie, boucherie.
- Etude des sons: Sons <é> <è> <e> <eu> <oeu>
  - g+ a-o-u, g+e-i , gn, gl, gr.
  - Exercices
- Les Articles: Définis, indéfinis, singulier, pluriel.
- Lecture: Reprise des textes qui sont les supports de l'étude des sons.
- L'écrit: La phrase au singulier, la phrase au pluriel.

Séquence 6 A l'hôpital.

- Compréhension et expression orales: (page 84)
  - Dialogue: Lucas et Arthur à l'hôpital.
  - Vocabulaire: le corps, le médecin, les douleurs, les médicaments.
- Etude des sons: <ain> <ien> <ian> <ion> <y> <ill> <ail> <eil> <ouille>
  - Exercices.
- L'ordre alphabétique.
- Lecture: Reprise des textes qui sont les supports de l'étude des sons.
- L'écrit: Rôle du verbe.

Bases grammaticales

- Ordre alphabétique
- Récapitulatif des sons
- Les déterminants
- Les verbes
- La phrase

Séquence 1.

Se présenter

Bonjour!
Je m'appelle Maria.

Je m'appelle Lucas.

Je m'appelle Arthur.

J'ai mal à la tête.
Qu'est-ce qui se passe ici?
Rien!
Qui êtes-vous?
Je m'appelle Arthur,
je suis étudiant.

Je m'appelle Maria.
Je travaille à l'hôpital.
Je suis infirmière.
Il s'appelle Lucas.
Il est étudiant aussi.

Vous habitez ici?

Oui, Arthur et moi nous habitons dans cet appartement.
Moi, j'habite rue de la République.

Le son <a>

Le formateur lit le texte que les stagiaires ne voient pas. C'est la première discrimination auditive. Ils doivent repérer les sons <a>. Les stagiaires font un trait sur l'ardoise quand ils entendent <a>

Il y a du bruit.

La voisine a mal à la tête.

Elle va chez Arthur et Lucas.

Maria est là.

C'est une amie de Lucas et d'Arthur.

J'entends <a> dans:

a la **a** mal **à** la va

Arthur Lucas **Maria** là **amie** Lucas **Arthur**

Il y **a** → du bruit → chez → Arthur et Luc**as**.

Il y a du bruit chez Arthur et Lucas.

1 J'entends <a> je vois a je souligne a

Il y a du bruit.

La voisine a mal à la tête.

Elle va chez Arthur et Lucas.

Maria est là.

C'est une amie de Lucas et d'Arthur.

2 Souligner les mots qui commencent par a

ami orange animal étudier arriver chez aller avoir

3 Souligner les mots où j'entends <a> et je vois a

mal Arthur tête voisine papa du table Lucas Maria

4 **Entourer, dans le texte, les mots:** **tête la a amie mal va**

Il y a du bruit.

La voisine a mal à la tête.

Elle va chez Arthur et Lucas.

Maria est là.

C'est une amie de Lucas et d'Arthur.

Formation des syllabes et des mots
Consonne + a

C'est la table.

la

table

C'est la table.

C'est la date: 27 août 1962

la

date

C'est la date.

Le son <u>

Le formateur lit le texte que les stagiaires ne voient pas. Ils doivent repérer les sons <u>

Maria est infirmière.

L'hôpital est rue de la Lune.

Arthur est étudiant.

Il va à l'université.

Lucas est étudiant aussi.

Il va aussi à l'université.

J'entends <u> dans:

r**u**e l**u**ne Arth**u**r ét**u**diant **u**niversité L**u**cas ét**u**diant **u**niversité

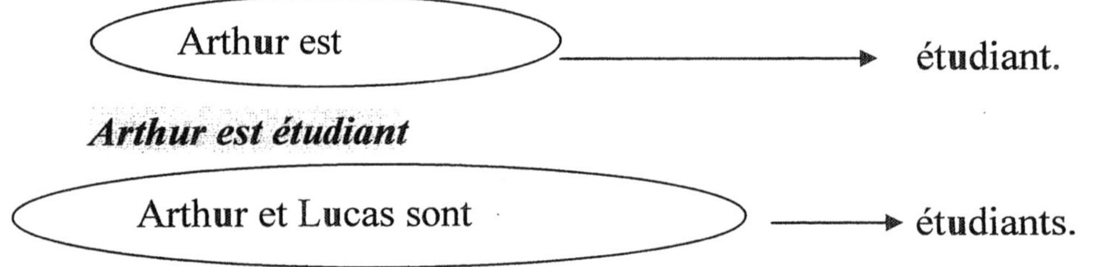

Arthur et Lucas sont étudiants.

1 J'entends <u> je vois u je souligne u

Maria est infirmière.

L'hôpital est rue de la Lune.

Arthur est étudiant.

Il va à l'université.

Lucas est étudiant aussi.

Il va aussi à l'université.

2 Souligner les mots qui commencent par u

une lune université ami arriver infirmière utile aussi rue uni

3 Souligner les mots où j'entends <u> et je vois u

voiture maison mur tulipe sur numéro noir voisine Lucas Arthur

4 **Entourer, dans le texte, les mots:** **est rue étudiant université la hôpital**

Maria est infirmière.

L'hôpital est rue de la Lune.

Arthur est étudiant.

Il va à l'université.

Lucas est étudiant aussi.

Il va aussi à l'université.

Formation des syllabes et des mots.
Consonne + u

Il a vu la lune.

Il a vu la lune.

C'est le numéro de la rue: **5**

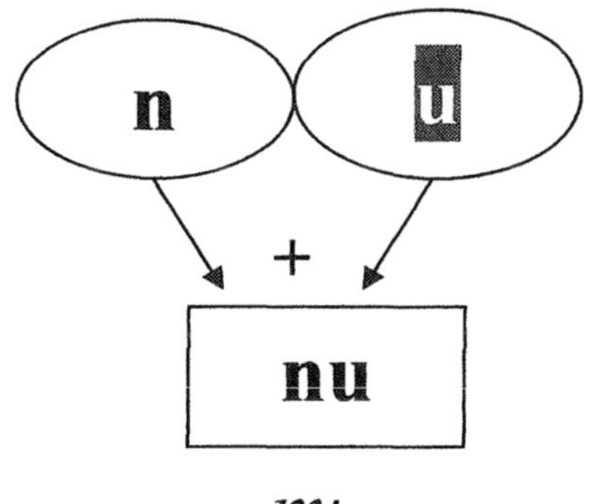

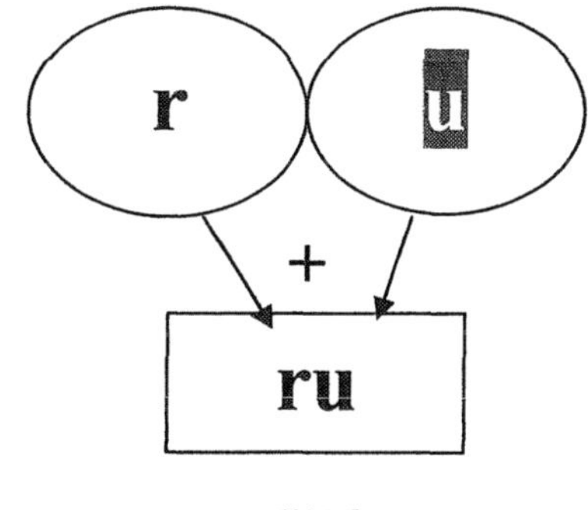

C'est le numéro de la rue.

Le son <i>

Le formateur lit le texte que les stagiaires ne voient pas. Ils doivent repérer les sons <i>

il s'appelle Arthur.

Arthur habite rue de Rome à Paris.

il s'appelle Lucas.

Lucas habite rue de Rome aussi.

elle s'appelle Maria.

Maria est l'amie de Lucas et d'Arthur.

Elle habite rue de la République.

J'entends <i> dans:

il habite Paris il habite aussi Maria Maria amie République

Maria habite → rue de la République.

Maria habite rue de la République.

Arthur et Lucas habitent → rue de Rome.

Arthur et Lucas habitent rue de Rome.

1 J'entends <i> je vois je souligne i

Il s'appelle Arthur.

Il s'appelle Lucas.

Elle s'appelle Maria.

Arthur habite rue de Rome.

Lucas habite rue de Rome aussi.

Maria est l'amie de Lucas et d'Arthur.

Elle habite rue de la République.

2 Souligner les mots qui commencent par i

image il ami identité arriver île immeuble une idée mal

3 Souligner les mots où j'entends <i> et je vois i

ami Maria tête habiter papa rue pile Lucas république

4 **Entourer, dans le texte, les mots:** habite amie rue aussi Maria la il

Il s'appelle Arthur.

Arthur habite rue de Rome.

Il s'appelle Lucas.

Lucas habite rue de Rome aussi.

Elle s'appelle Maria.

Maria est l'amie d'Arthur et de Lucas.

Elle habite rue de la République.

Formation des syllabes et des mots.
Consonne + i

Lise lit. **Lise rit.**

li
Lise lit.

ri
Lise rit.

Il est midi.

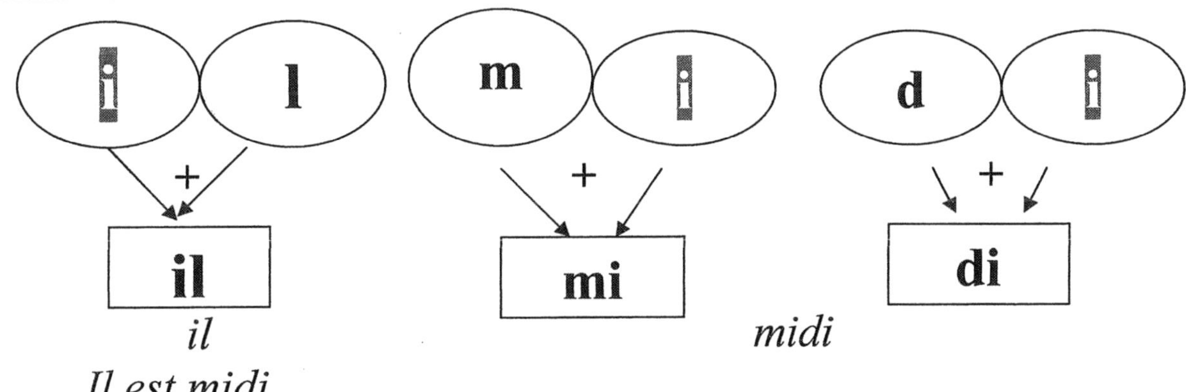

il
midi
Il est midi.

Exercices.

1 **Ecouter et souligner:**

le mot où l'on entend ***<a>***

exemple

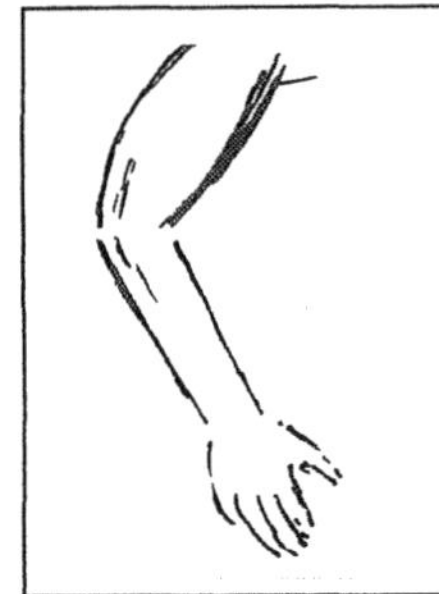

tête

bras

voisine

cube

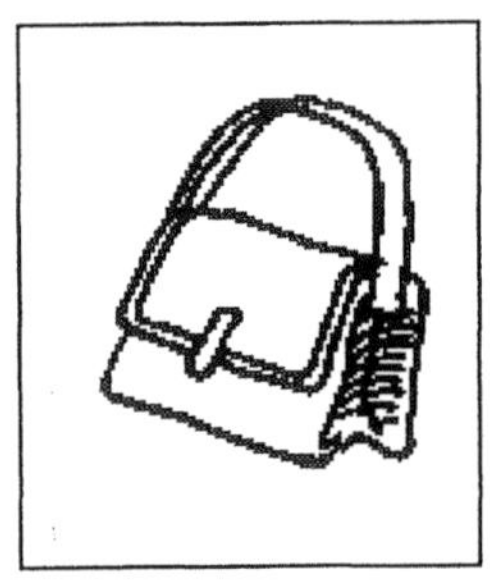

lit

sac

mur

mot

jupe

bar

dos

livre

le mot où on entend ***<u>***

chat

maison

photo

rue

gare

lune

jambe

livre

le mot où l'on entend ***<i>***

livre

cube

rond

nez

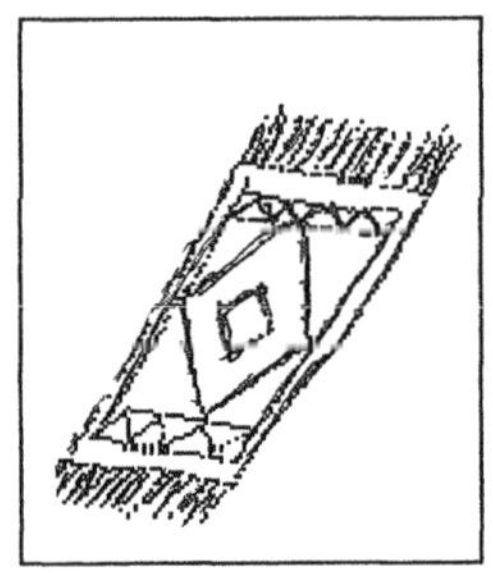

arbre

robe

tapis

appartement

2 **Mettre les mots dans la colonne qui convient.**
(avec une flèche)

a		*i*
←	*ma*	
	va	
	il	
	livre	
	mal	
	sac	
	lire	
	si	
	malade	
	riz	

u		*i*
	vu	
	mardi	
	Paris	
	mur	
	du	
	vite	

3 **Mettre les mots dans la colonne qui convient.**
(avec une flèche)

la ***lune*** ***date*** ***il*** ***midi*** ***lu*** ***ta*** ***une*** ***lit***

a	*i*	*u*

Lire

Il y a du bruit.

La voisine a mal à la tête.

Elle va chez Arthur et Lucas.

Maria est là.

C'est une amie de Lucas et d'Arthur.

Maria est infirmière.

L'hôpital est rue de la Lune.

Arthur est étudiant.

Il va à l'université.

Lucas est étudiant aussi.

Il va aussi à l'université.

Il s'appelle Arthur.

Arthur habite rue de Rome à Paris.

Il s'appelle Lucas.

Lucas habite rue de Rome aussi.

Elle s'appelle Maria.

Maria est l'amie d'Arthur et de Lucas.

Elle habite rue de la République.

Choisir la bonne réponse.

La voisine a mal à la tête. | *La voisine a mal au pied.*

Elle va chez Arthur. | *Elle va chez le boulanger.*

Maria est professeur. | *Maria est infirmière.*

Il s'appelle Nicolas. | *Il s'appelle Arthur.*

Lucas est coiffeur. | *Lucas est étudiant.*

Arthur habite à Paris. | *Arthur habite à Marseille.*

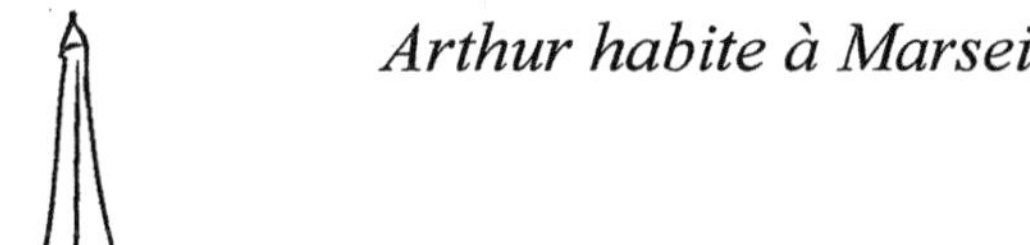

Maria habite rue de Rome. | *Maria habite rue de la République.*

Travail oral

Arthur

Il s'appelle Arthur.

Il est Français.

Il est étudiant.

Il habite à Paris.

Maria

Elle s'appelle Maria.

Elle est Espagnole.

Elle est infirmière.

Elle habite à Paris.

Amina

Je m'appelle Amina.

Je suis Marocaine.

Je suis professeur.

J'habite à Rabat.

Dossier Graphie

Maîtrise de la main et du geste.

Mettre le pouce et l'index dans les cercles.

(Position des doigts qui prépare à la tenue du crayon)

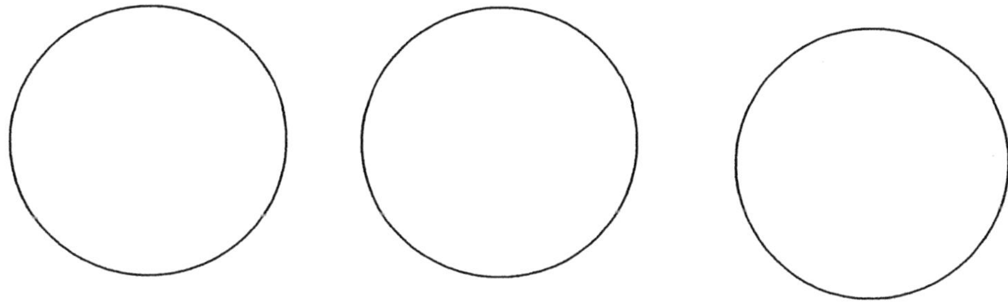

Faire une suite de points en tenant correctement le crayon.

. . . .

Faire une suite de petits traits en tenant correctement le crayon.

— — — — — —

Repères dans l'espace.

1. __Tracer des traits de gauche à droite.__

- *les yeux ouverts*
- *les yeux fermés*

2. ***<u>Repérer dans l'espace</u> <u>le haut</u>, <u>le bas</u>, <u>la droite</u>, <u>la gauche</u>.***

- ***Faire des ronds:*** ***en haut à droite du carré***
  en bas à droite du carré
- ***Faire des carrés:*** ***en haut à gauche du carré***
  en bas à droite du carré
- ***Faire 3 traits:*** ***au milieu du carré, à l'horizontale***
- ***Faire 2 traits:*** ***au milieu du carré, à la verticale***

3. Relier le point gauche au point droit.

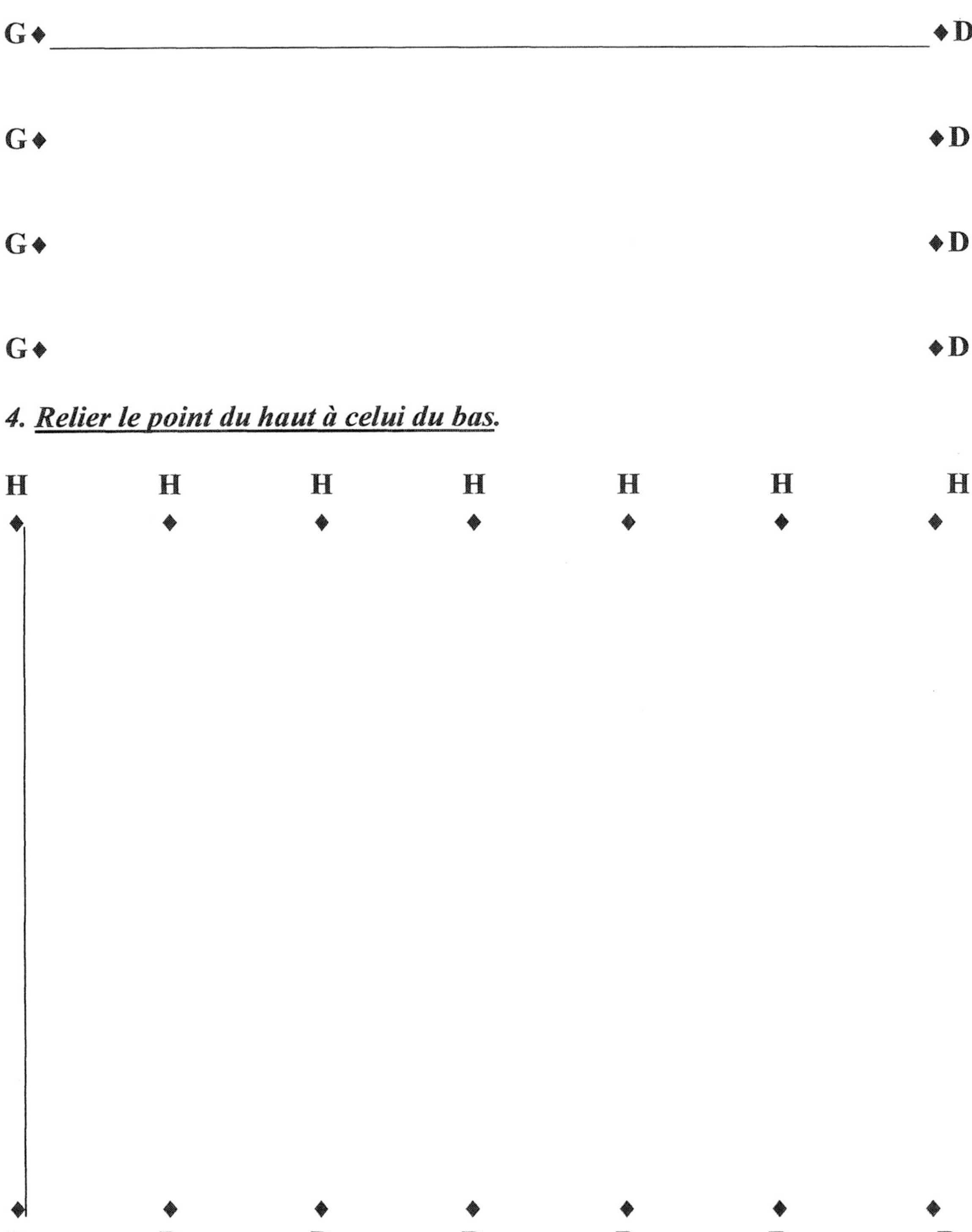

4. Relier le point du haut à celui du bas.

Maîtrise du mouvement.

1. ***Tracer le contour des dessins.***

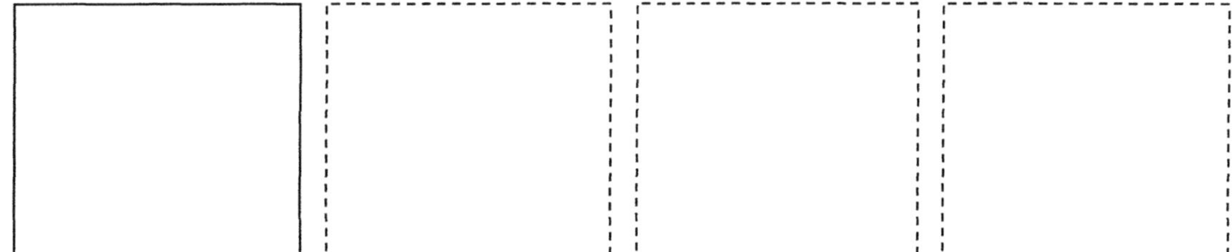

2. ***Tracer les lignes de A à C et de B à D.***

3. ***Mettre le dessin 1 en rouge.***

Mettre le dessin 2 en bleu.

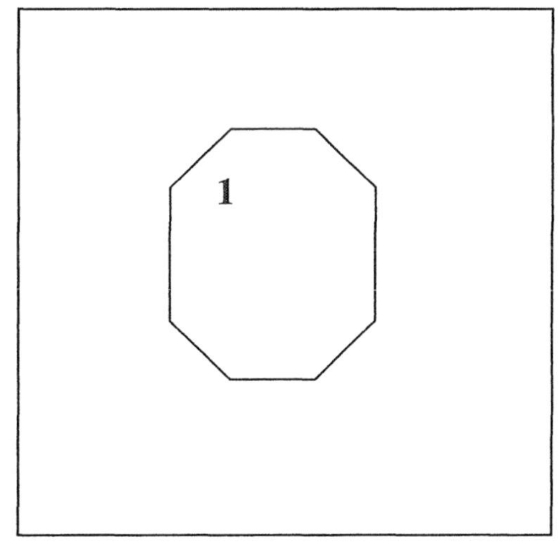

4. ***Tracer le contour des ronds et les séparer en 2 parties.***

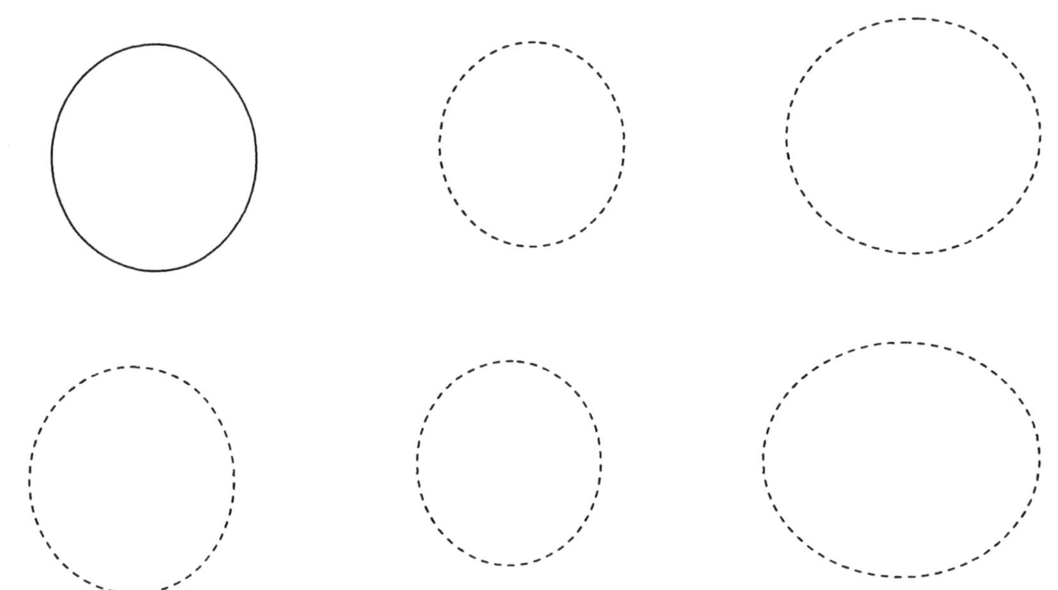

5. ***Relier les points pour faire un triangle.***

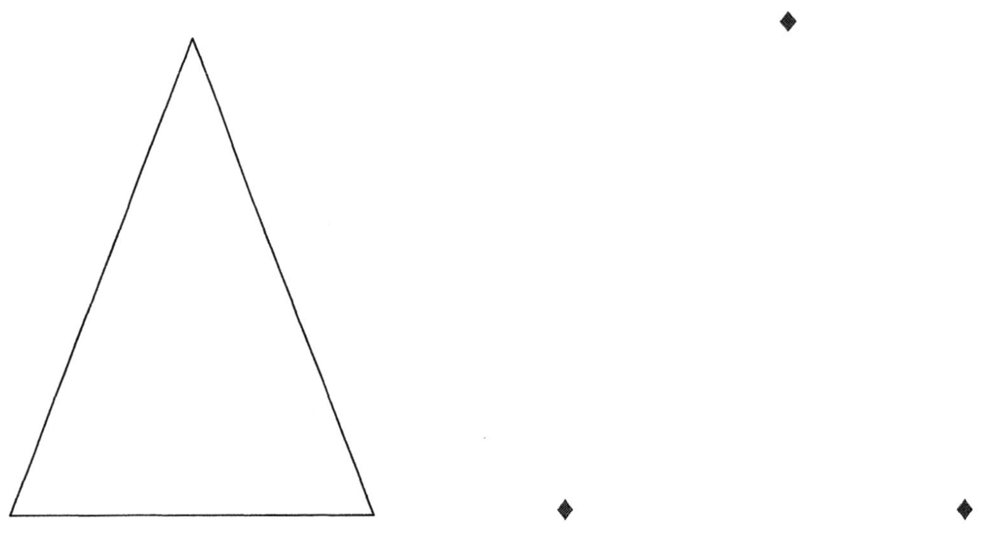

Ecriture

Suivre les modèles:

1. les yeux ouverts

les yeux fermés

2. les yeux ouverts

les yeux fermés

3. les yeux ouverts

les yeux fermés

4. les yeux ouverts

les yeux fermés

Suivre les modèles:

1. les yeux ouverts

les yeux fermés

2. les yeux ouverts

les yeux fermés

3. les yeux ouverts

les yeux fermés

4. les yeux ouverts

les yeux fermés

5. les yeux ouverts

les yeux fermés

Suivre les modèles:

1. les yeux ouverts

les yeux fermés

2. les yeux ouverts

les yeux fermés

3. les yeux ouverts

les yeux fermés

4. les yeux ouverts

les yeux fermés

5. les yeux ouverts

les yeux fermés

Alphabet

A - a - a ____________________ *ami*

B - b - b ____________________ *bateau*

C - c - c ____________________ *col*

D - d - d ____________________ *dos*

E - e - e ____________________ *elle*

F - f - f ____________________ *four*

G - g - g ____________________ *gâteau*

H - h - h ____________________ *habiter*

I - i – i ____________________ *image*

J - j – j ____________________ *jupe*

K - k – k ____________________ *képi*

L- l - l ____________________ *lait*

M - m - m ____________________ *maison*

N - n - n ____________________ *navire*

O - o - o ____________________ *orange*

P - p - p ____________________ *papa*

Q - q - q ____________________ *quartier*

R - r - r ____________________ *robe*

S - s - s ____________________ *sac*

T - t - t ____________________ *tapis*

U - u - u ____________________ *usine*

V - v - v ____________________ *vache*

W - w - w ____________________ *wagon*

X - x - x ____________________ *xavier*

Y - y - y ____________________ *yeux*

Z - z - z ____________________ *zéro*

Séquence 2

L'appartement de Lucas et d'Arthur

Allo! bonjour Lucas, je voudrais parler à Arthur, s'il vous plaît.
Bonjour madame, ne quittez pas, je vous le passe. Arthur, c'est pour toi, c'est ta mère.

Allo! bonjour maman. Comment vas-tu?

Je vais bien. Ici, il fait beau et chaud, ton père va faire du bateau. Et toi, comment ça va? Ton appartement est-il rangé?
Je vais bien. Tout est rangé dans l'appartement. Oh! c'est beau!

Comment est
votre appartement?

Il n'est pas très grand. Il y a une petite
cuisine,une petite salle de bains,
un séjour et une chambre.

C'est très bien ! ton père et moi nous
allons à Paris la semaine prochaine.
Nous pourrons habiter chez toi.

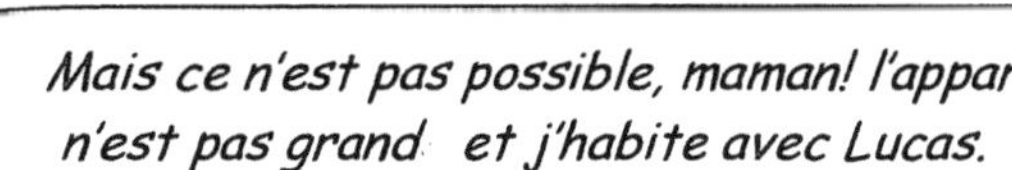
Mais ce n'est pas possible, maman! l'appartement
n'est pas grand et j'habite avec Lucas.

Ce n'est pas très gentil!
eh bien! nous irons à l'hôtel.
Au revoir!

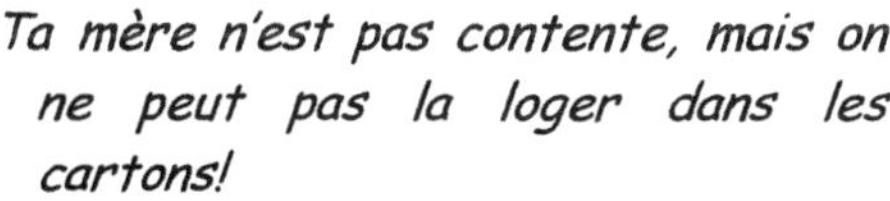
Ta mère n'est pas contente, mais on
ne peut pas la loger dans les
cartons!

Le son <o>

Le formateur lit le texte que les stagiaires ne voient pas. Ils doivent repérer les sons <o>

Le téléphone sonne.

Lucas répond au téléphone.

C'est la mère d'Arthur.

Lucas donne le téléphone à Arthur.

- «Allo! bonjour maman, comment vas-tu?»

- «Je vais bien, il fait **beau** et ch**au**d.»

J'entends <o> dans:

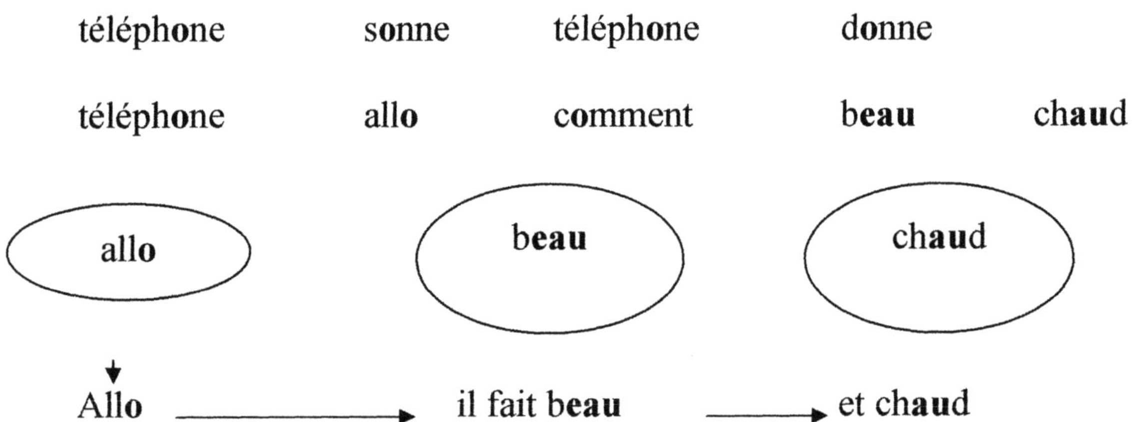

Il fait beau et chaud.

1 **J'entends <o> je vois o au eau je souligne o, au, eau**

Le téléphone sonne.

Lucas répond au téléphone.

C'est la mère d'Arthur.

Lucas donne le téléphone à Arthur.

- «Allo! bonjour maman, comment vas-tu?»

- «Je vais bien; il fait beau et chaud.»

2 **Entourer, dans le texte, les mots:**

téléphone donne comment chaud sonne allo

Le téléphone sonne.

Lucas répond au téléphone.

C'est la mère d'Arthur.

Lucas donne le téléphone à Arthur.

- «Allo! bonjour maman, comment vas-tu?»

- «Je vais bien; il fait beau et chaud.»

3 **Mettre les mots dans la colonne qui convient** *(avec une flèche)*

chaud, pot, sot, gâteau, chapeau, faux, robe, saut, beau

o	*au*	*eau*

4 **Ecouter et souligner le mot où on entend** *<o>*

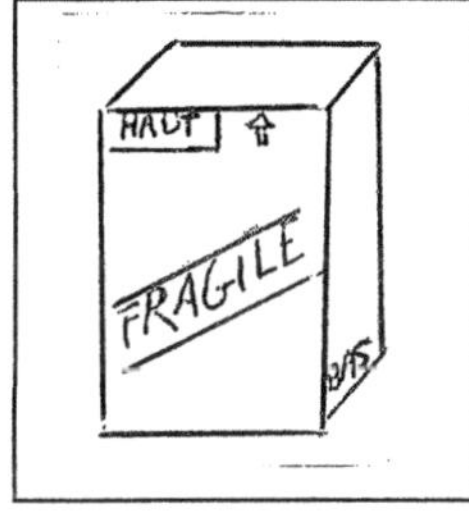

bruit
haut
rue
jambe

tête
table
vélo
enfant

château
mardi
route
habite

boule
tomate
enfant
voiture

lune
sac
mur
épaule

jupe
bar
bateau
ami

Formation des syllabes et des mots
Consonne + o au eau

Maria a une robe jaune.

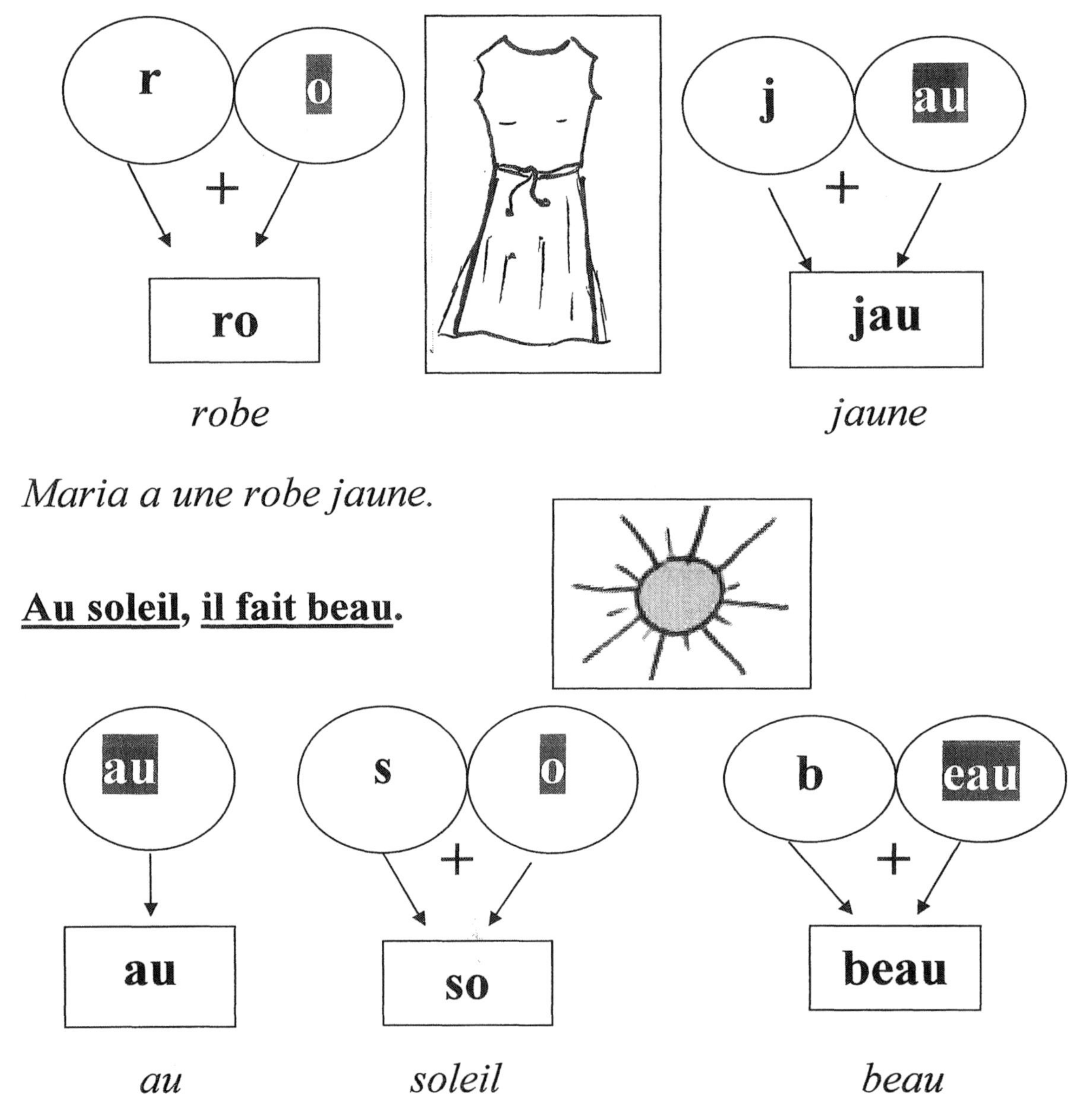

Au soleil, il fait beau.

J'entends <o> je vois o au eau commc dans:

moto **auto** ép**au**le bat**eau** chap**eau** ch**au**d

Le son <ou>

Le formateur lit le texte que les stagiaires ne voient pas. Ils doivent repérer les sons <ou>

Lucas et Arthur l<u>ou</u>ent un appartement.

T<u>ou</u>s les cartons sont t<u>ou</u>j<u>ou</u>rs dans le séj<u>ou</u>r.

Les parents d'Arthur viennent à Paris dans 3 j<u>ou</u>rs.

«N<u>ou</u>s dormirons chez v<u>ou</u>s» dit sa mère.

«Oh! non, v<u>ou</u>s ne p<u>ou</u>vez pas!» répond Arthur.

<u>J'entends</u> <u><ou></u> <u>dans</u>:

louent tous toujours séjour jours vous vous pouvez

Maria loue → un appartement

Maria loue un appartement.

Arthur et Lucas louent → un appartement

Maria et Lucas louent un appartement.

1 <u>J'entends</u> <ou> <u>je vois</u> <u>ou</u> <u>je souligne</u> <u>ou</u>

Lucas et Arthur l<u>ou</u>ent un appartement.

Tous les cartons sont toujours dans le séjour.

Les parents d'Arthur viennent à Paris dans 3 jours.

«Nous dormirons chez vous» dit sa mère.

«Oh! non, vous ne pouvez pas!» répond Arthur.

2 <u>Entourer</u>, <u>dans le texte</u>, <u>les mots</u>:

vous pouvez toujours séjour tous nous louent jours

Lucas et Arthur louent un appartement.

Tous les cartons sont toujours dans le séjour.

Les parents d'Arthur viennent à Paris dans 3 jours.

«Nous dormirons chez vous» dit sa mère.

«Oh! non, vous ne pouvez pas!» répond Arthur.

Formation des syllabes et des mots
Consonne + ou

L'été, il fait toujours beau.

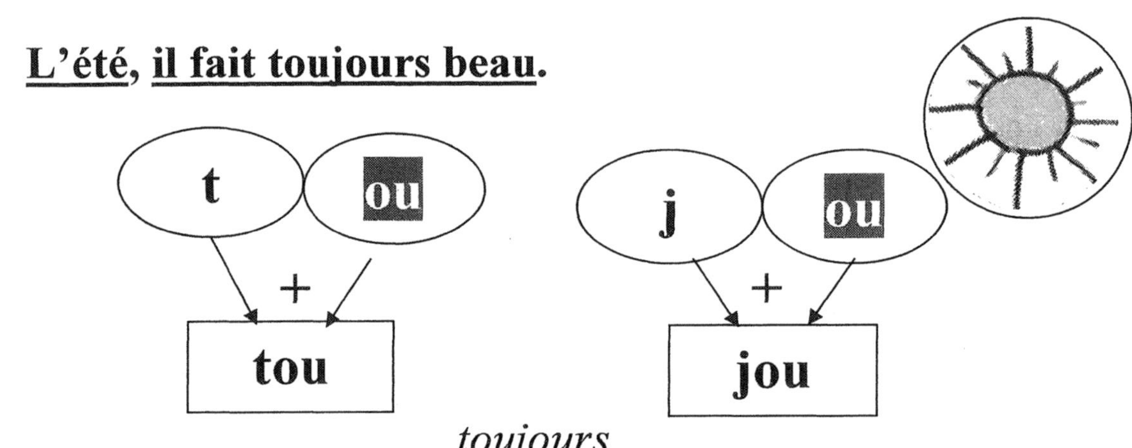

toujours

L'été, il fait toujours beau.

Le bijou coûte douze euros.

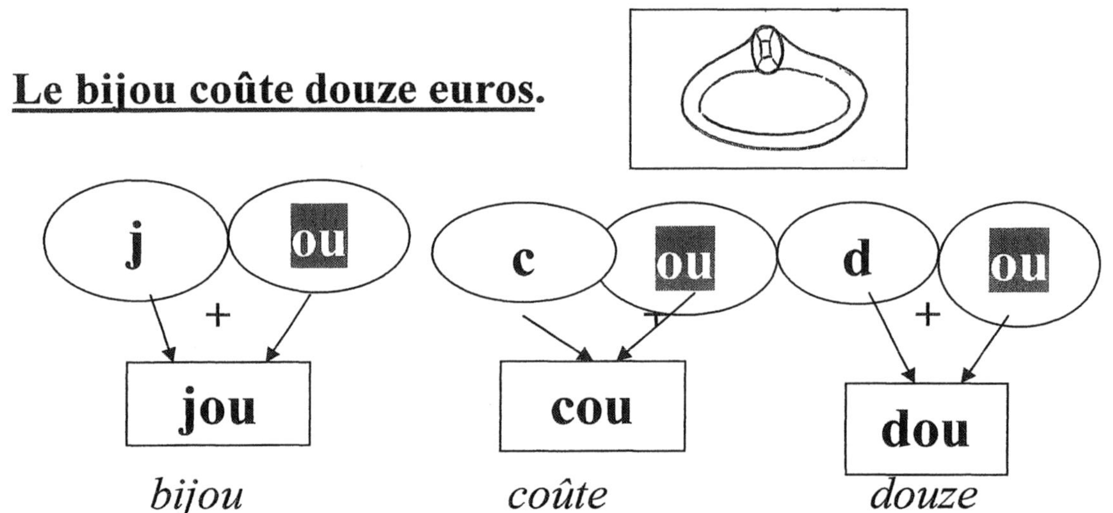

bijou *coûte* *douze*

Le bijou coûte douze euros.

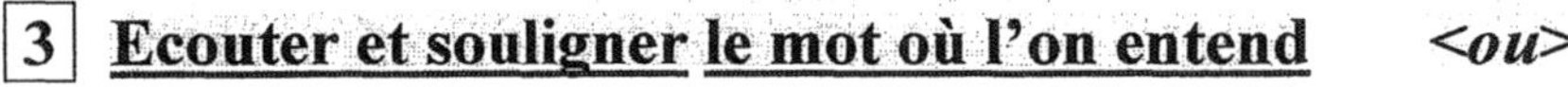

3 **Ecouter et souligner le mot où l'on entend** *<ou>*

chat
maison
foule
rue
voiture

gare
poule
jambe
cuir
lune

4 **Mettre les mots dans la colonne qui convient.** *(écrire ou faire une flèche)*

o, au, eau		*ou*
allo ←	*allo* *beau* *nous* *jaune* *tout* *seau* *auto* *jour* *toujours* *séjour* *téléphone*	

5 **Mettre les mots dans la colonne qui convient.** *(écrire ou faire une flèche)*

madame livre robe chapeau louer jaune jupe

a	*i*	*u*	*o-eau-au*	*ou*

6 **Discrimination visuelle.**

Repérer rapidement et entourer les mots identiques au mot souligné

amie	avril amie amie avoir aller arriver amie amusé amie
habite	habitation habite habitant habiter habite hutte hisser
rue	rire rude rue rase rue roue rue rare ride rue rose
tomate	toujours tube tomate tarte tomate toute tomate tuile
s'appelle	sauter s'appelle s'appeler s'éveiller s'appelle m'appelle
beau	belle beau bien beau bon beau but bidon beau barre

Les syllabes

Expliquer la formation des syllabes puis des mots

	a e é è i o u
b	ba be bé bè bi bo bu
c	ca ce cé cè ci co cu
d	da de dé dè di do du
f	fa fe fé fè fi fo fu
g	ga ge gé gè gi go gu
h	ha he hé hè hi ho hu
j	ja je jé jè ji jo ju
k	ka ke ké kè ki ko ku
l	la le lé lè li lo lu
m	ma me mé mè mi mo mu
n	na ne né nè ni no nu
p	pa pe pé pè pi po pu
r	ra re ré rè ri ro ru
s	sa se sé sè si so su
t	ta te té tè ti to tu
v	va ve vé vè vi vo vu
x	xa xe xé xè xi xo xu
z	za ze zé zè zi zo zu

Exercices

1. Entourer les syllabes des mots

madame garage lune robe pilote

	a e é è i o u
b	ba be bé bè bi bo bu
c	ca ce cé cè ci co cu
d	[da] de dé dè di do du
f	fa fe fé fè fi fo fu
g	ga ge gé gè gi go gu
h	ha he hé hè hi ho hu
j	ja je jé jè ji jo ju
k	ka ke ké kè ki ko ku
l	la le lé lè li lo lu
m	[ma] [me] mé mè mi mo mu
n	na ne né nè ni no nu
p	pa pe pé pè pi po pu
r	ra re ré rè ri ro ru
s	sa se sé sè si so su
t	ta te té tè ti to tu
v	va ve vé vè vi vo vu
x	xa xe xé xè xi xo xu
z	za ze zé zè zi zo zu

2 Etude de la formation de la syllabe et du mot.

l+a	la		
b+a	ba	→	**la banane**
n+a	na		*la banane*
n+e	ne		

t+o	to		
m+a	ma	→	**la tomate**
t+e	te		*la tomate*

l+e	le		
r+a	ra	→	**lc radis**
d+i	di		*le radis*

m+i	mi	→	**midi**
d+i	di		*midi*

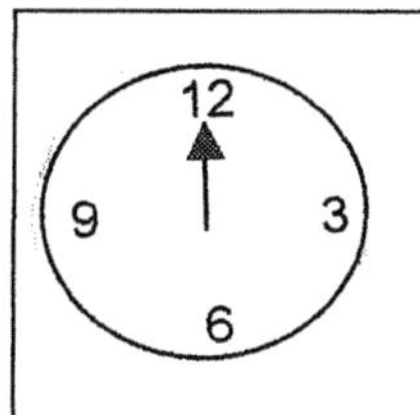

Reconstituer les mots.

te - ma - to ______________________

be - ro ______________________

ne - lu ______________________

tal - pi - hô ______________________

peau - cha ______________________

té - si - ver - ni – u ______________________

té - pho - lé - ne ______________________

diant - tu - é ______________________

3 **La lettre** **le son** **le mot.**

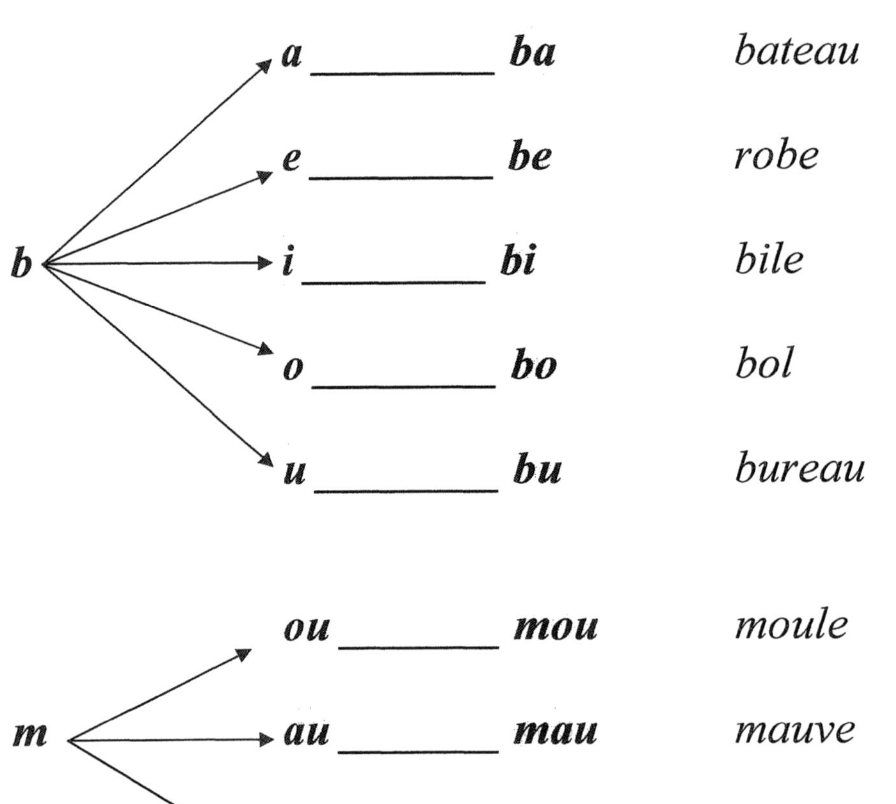

bateau

robe

bile

bol

bureau

moule

mauve

chameau

Compléter avec le son qui convient.

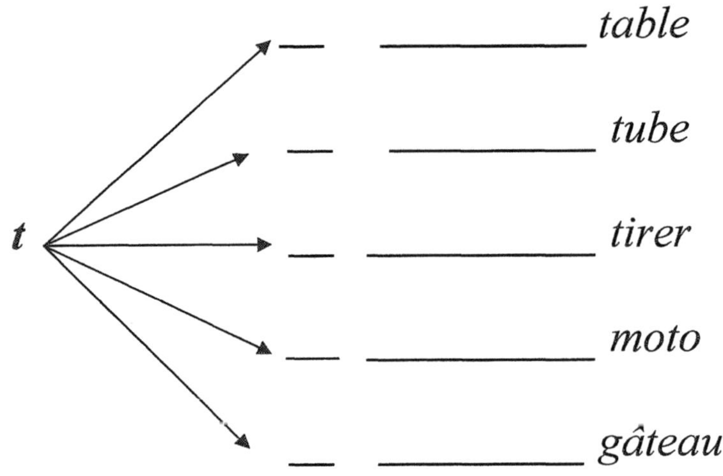

4 **Reconstituer les mots.**

Lire

(Les parents d'Arthur habitent Marseille. Ils voudraient venir à Paris chez Arthur. Arthur n'est pas d'accord!)

Le téléphone sonne.

Lucas répond au téléphone.

C'est la mère d'Arthur.

Lucas donne le téléphone à son ami.

«Allo! dit Arthur, bonjour maman, comment vas-tu?»

Sa mère répond: «je vais bien.

Ici, il fait beau et chaud, ton père va faire du bateau.»

Lucas et Arthur louent un appartement.

Tous les cartons sont toujours dans le séjour.

Mais Arthur dit à sa mère que tout est rangé.

Ses parents viennent à Paris dans 3 jours.

«Nous pourrons loger chez vous» dit sa mère.

«Non, vous ne pouvez pas!» répond Arthur.

Séquence 3

Se diriger

Lucas et Arthur cherchent la mairie

S'il vous plaît Madame,
où se trouve la mairie?

Vous allez tout droit.
Vous prenez la première rue à droite sur la place, puis la deuxième à gauche.
C'est la rue de l'Opéra.
La mairie est dans cette rue, un peu plus loin, à côté du marché.

Où est la mairie?
Je ne sais pas! pourquoi?

J'ai besoin d'une carte d'identité. Tu n'as pas un plan du quartier?
Non, on va demander à quelqu'un.

S'il vous plaît Madame, où se trouve la mairie?
Vous allez tout droit jusqu'à la place du théâtre.
Vous prenez la première rue à droite sur la place, puis la deuxième à gauche.
C'est la rue de l'Opéra.
La mairie est dans cette rue, un peu plus loin, à côté du marché.

Merci madame, au revoir.
Dépêchons-nous, la mairie va bientôt fermer.

RUE DE L'OPÉRA
Mais ce n'est pas la rue de l'Opéra!
Oh la la! la rue de l'Opéra est à gauche et nous avons pris à droite.

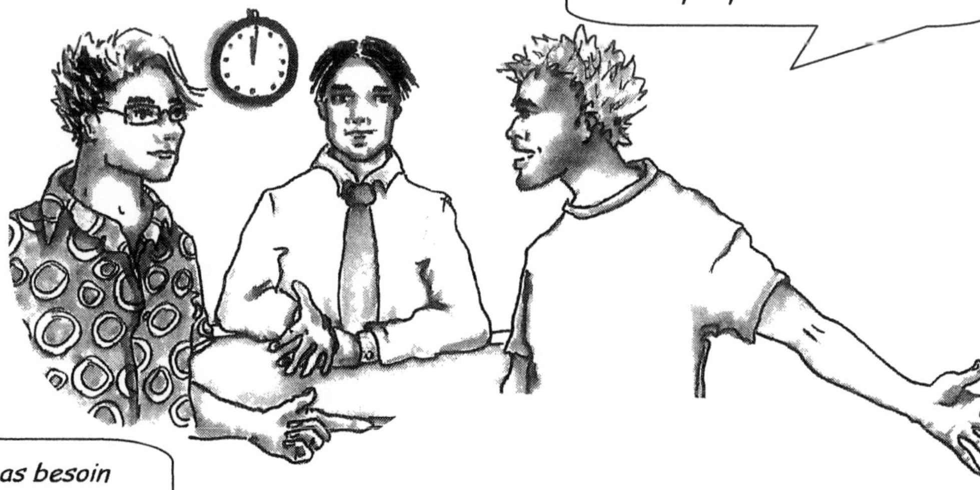
Désolé, les bureaux ferment !
C'est de ta faute! tu n'as pas pris la bonne rue!
Mais c'est toi qui as besoin d'aller à la mairie, tu n'as qu'à faire attention!

Le formateur lit le texte que les stagiaires ne voient pas. Ils doivent repérer les sons <an>

Lucas a besoin d'une carte d'id**en**tité.

Il dem**an**de à Arthur où est la mairie.

Arthur n'a pas de pl**an**.

Ils dem**an**dent des r**en**seignem**en**ts d**an**s la rue.

Ils n'ont pas beaucoup de t**em**ps et Lucas a mal aux j**am**bes!

J'entends <an> je vois an am en em dans:

id**en**tité dem**an**de pl**an** dem**an**dent r**en**seignem**en**ts d**an**s t**em**ps j**am**bes

Lucas dem**an**de → un pl**an**.

Lucas demande des renseignements

Lucas et Arthur dem**an**dent → des r**en**seignem**en**ts.

Lucas et Arthur demandent des renseignements.

1 J'entends <an> je vois et je souligne an am en em

Lucas a besoin d'une carte d'identité.

Il demande à Arthur où est la mairie.

Arthur n'a pas de plan.

Ils demandent des renseignements dans la rue.

Ils n'ont pas beaucoup de temps et Lucas a mal aux jambes!

2 Entourer, dans le texte, les mots:

jambes demandent plan temps dans renseignements identité

Lucas a besoin d'une carte d'identité.

Il demande à Arthur où est la mairie.

Arthur n'a pas de plan.

Ils demandent des renseignements dans la rue.

Ils n'ont pas beaucoup de temps et Lucas a mal aux jambes!

Formation des syllabes et des mots
Consonne + an am en em

La lampe est orange.

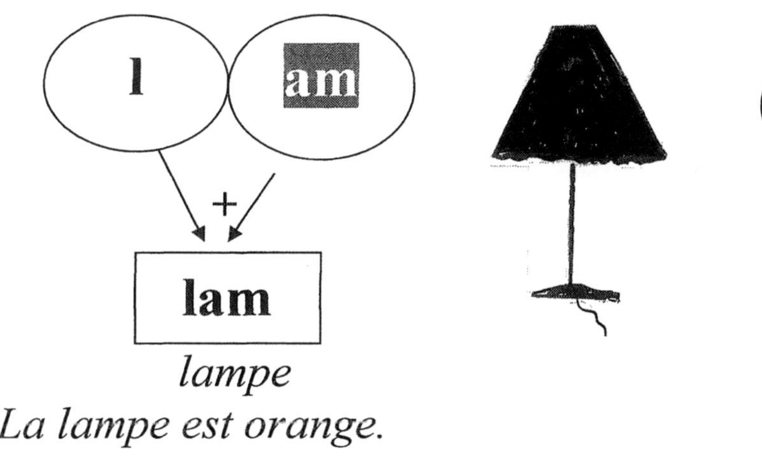

lampe *orange*

La lampe est orange.

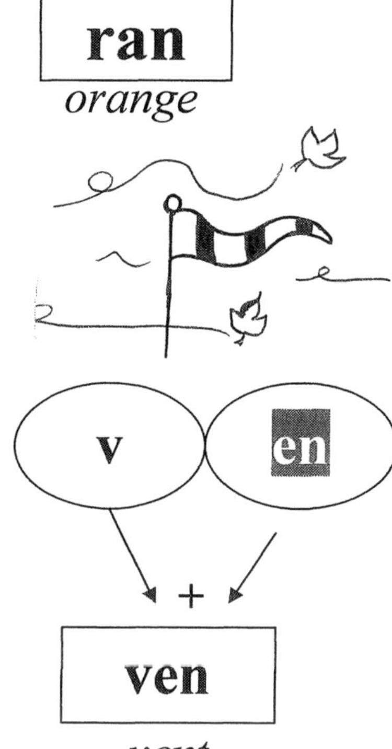

En novembre, il y a du vent.

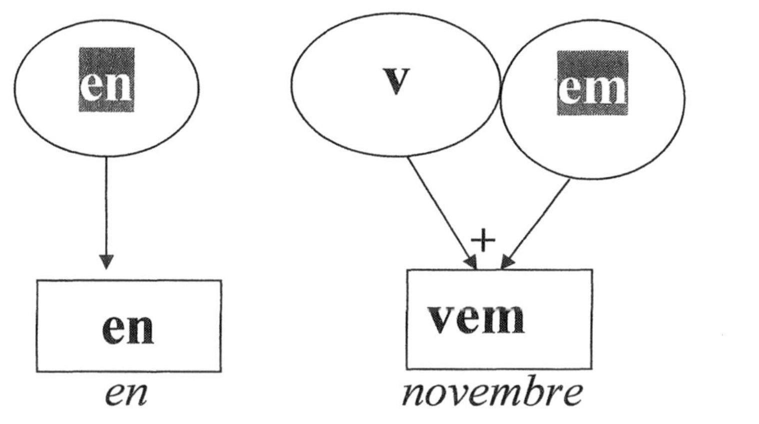

en *novembre* *vent*

En novembre, il y a du vent.

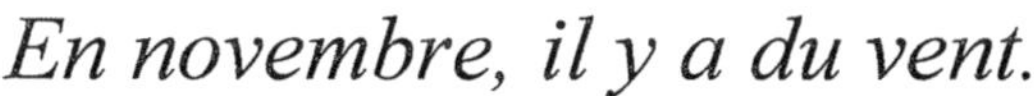

1 **La lettre, le son, le mot.**

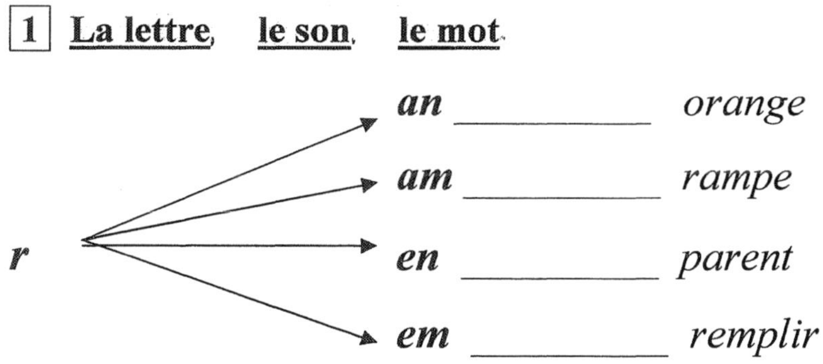

an ________ *orange*
am ________ *rampe*
en ________ *parent*
em ________ *remplir*

Compléter les mots avec le son qui convient. **an am en em**

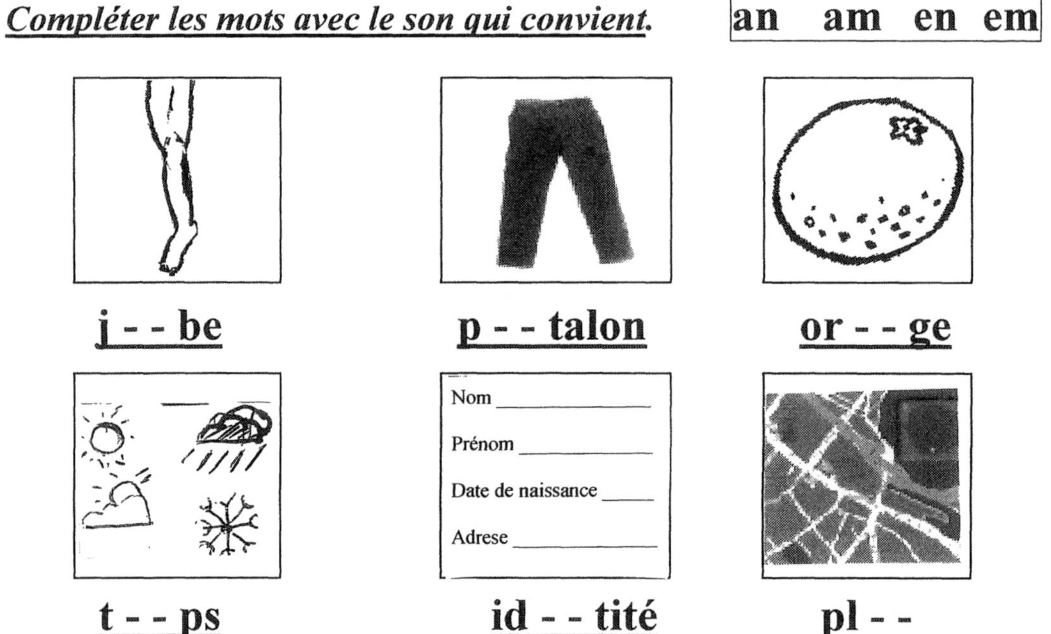

2 Discrimination visuelle.

Repérer rapidement et entourer les mots identiques au mot souligné.

plan	pan plan pente plan lampe plan dans planer panier
demande	avance demande amende demande demande dimanche
identité	santé identité amitié identité mairie année identité
temps	sans temps tempe temps membre temps prendre temps tempête pente tente temps tremper
gens	penser gens gentil gens gant grand gêner gens gras gens genre gens gare gérer gens
jambe	rampe jambe jamais jante jambe jadis jambe jarre

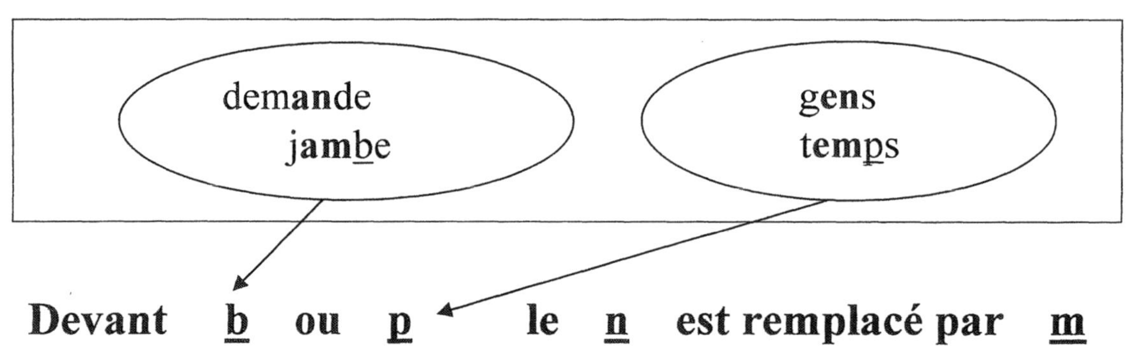

3 **Mettre les mots dans la colonne qui convient.**
(écrire les mots ou faire une flèche)

dans ***entre*** ***plante*** ***tempe*** ***lampe*** ***temps***

lent ***tante*** ***dent*** ***jambe*** ***décembre*** ***emploi***

an	*am*	*en*	*em*

4 **Retrouver les mois et les écrire.**

vier | jan ____________________

no | bre | vem ____________________

bre | cem | dé ____________________

5 **Reconstituer les phrases en mettant des numéros sur les étiquettes.**

- habite | Lucas | à | Paris.
- une amie | de Lucas | et Arthur. | Maria | est
- vont | la mairie. | à | Ils

Le son <on>

(le formateur lit le texte que les stagiaires ne voient pas. Ils doivent repérer les sons <on>

Lucas et s**on** ami Arthur v**on**t à la mairie.

Il est **on**ze heures.

Ils se tr**om**pent de rue.

Ils demandent où se trouve la mairie.

Ils arrivent en retard.

Les bureaux s**on**t fermés.

J'entends: <on> je vois: on om dans

son vont onze trompent sont

Ils vont → à la mairie.

Ils vont à la mairie.

Ils se trompent → de rue.

Ils se trompent de rue.

1 J'entends <on> je vois je souligne on, om

Lucas et son ami Arthur vont à la mairie.

Il est onze heures.

Ils se trompent de rue.

Ils demandent où se trouve la mairie.

Ils arrivent en retard.

Les bureaux sont fermés.

2 Entourer, dans le texte, les mots: onze trompent son vont sont

Lucas et son ami Arthur vont à la mairie.

Il est onze heures.

Ils se trompent de rue.

Ils demandent où se trouve la mairie.

Ils arrivent en retard.

Les bureaux sont fermés.

Formation des syllabes et des mots
Consonne + on om

<u>Bonjour Simon</u>!

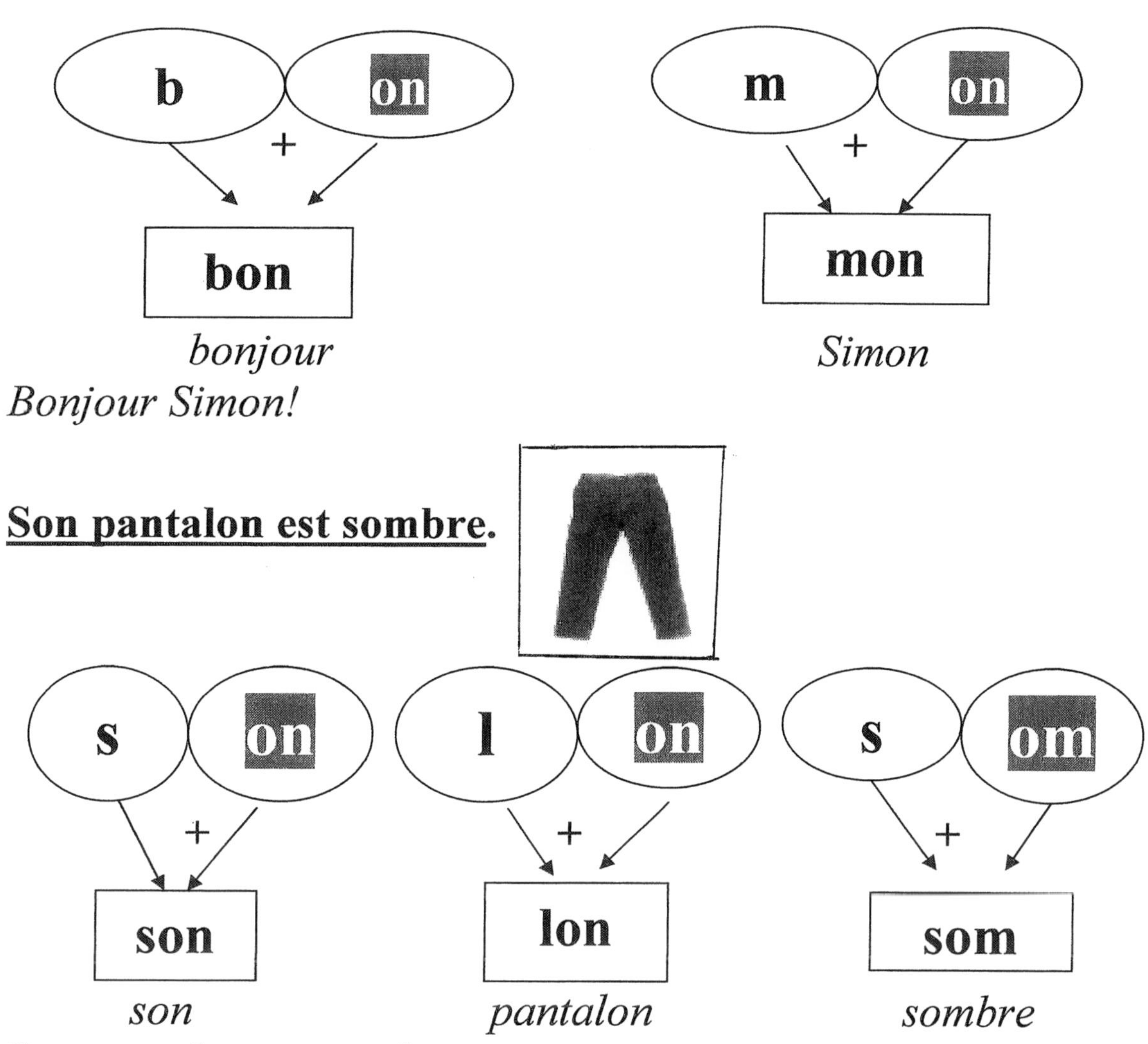

bonjour

Simon

Bonjour Simon!

<u>Son pantalon est sombre</u>.

son

pantalon

sombre

Son pantalon est sombre.

1 <u>Discrimination visuelle.</u>

Repérer les mots rapidement et entourer les mots identiques au mot souligné.

<u>monde</u> mode ronde monde monde mon monde sonde mordre mon

<u>son</u> somme son sont onze vont blanc son sans long bon son

<u>nom</u> non nom mon pont nom prénom nom melon

<u>nombre</u> ombre nombre sombre nombre rompre pondre nommer

2 **Mettre les mots dans la colonne qui convient.**
(écrire le mot ou faire une flèche)

an am ,en, em		***on, om***
←	*maman*	
	maison	
	onze	
	grand	
	sang	
	son	
	bon	
	temps	
	vent	
	camp	
	gens	
	renseignement	
	montre	
	pompe	
	lampe	
	ronde	
	dans	

3 **Compléter les mots avec les sons:** **an en on em om**

Arthur et Lucas v - - t à la mairie.

Ils se tr - - pent de rue.

D - - s la rue ils dem - - dent des r - - seignem - - ts.

Une dame leur m - - tre sur un pl - - comment s'y rendre.

Ils n'ont pas beaucoup de t - - ps.

4 **Compléter le texte avec les mots suivants:** **sont onze midi mairie**

Il est déjà __________ heures et je dois aller à la __________. Je me dépêche car les bureaux ________ fermés à partir de midi.

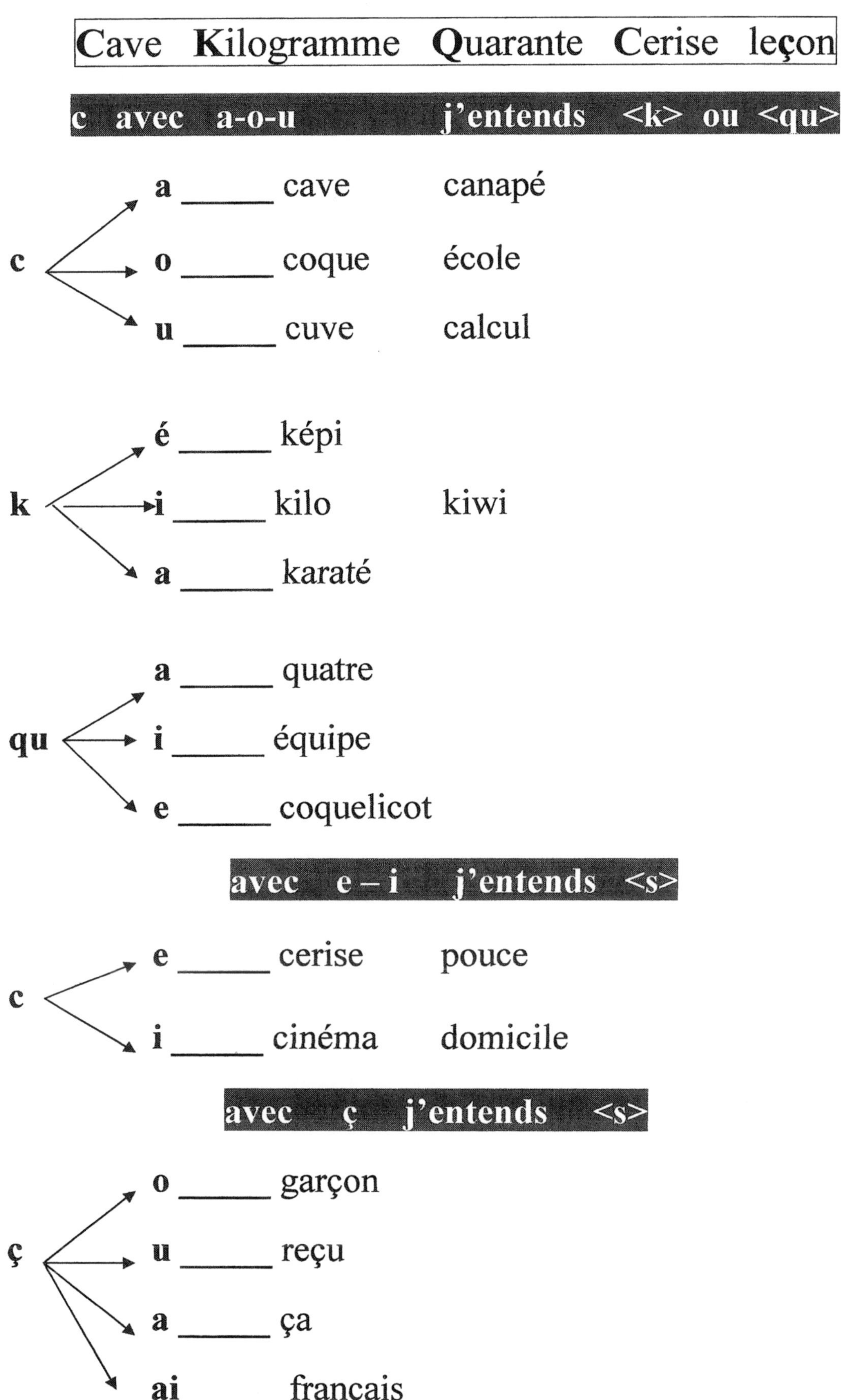
Cave Kilogramme Quarante Cerise leçon
c avec a-o-u j'entends <k> ou <qu>
c
a _____ cave canapé
o _____ coque école
u _____ cuve calcul
k
é _____ képi
i _____ kilo kiwi
a _____ karaté
qu
a _____ quatre
i _____ équipe
e _____ coquelicot
avec e – i j'entends <s>
c
e _____ cerise pouce
i _____ cinéma domicile
avec ç j'entends <s>
ç
o _____ garçon
u _____ reçu
a _____ ça
ai _____ français

Lire les mots.

Coton tricot carte cou culture colis

Citron cerise limace place cinéma

Kilomètre karaté kimono képi koala

Qui quel pourquoi quatre piquer banque

Mettre ces mots dans la case qui convient.
(écrire les mots)

coton limace karaté culture quel tricot cerise

piquer carte place kilomètre pourquoi citron cou

cou qui kimono képi cinéma colis koala quatre

J'entends <s>	J'entends <k>

ch

mar**ch**é **ch**ez **ch**at a**ch**eter **ch**ou **ch**aud **ch**aussure **ch**er
chameau **ch**ocolat po**ch**e fi**ch**e clo**ch**e va**ch**e ri**ch**e **ch**oisir

bl br cl cr dr tr + son ⟶ mot

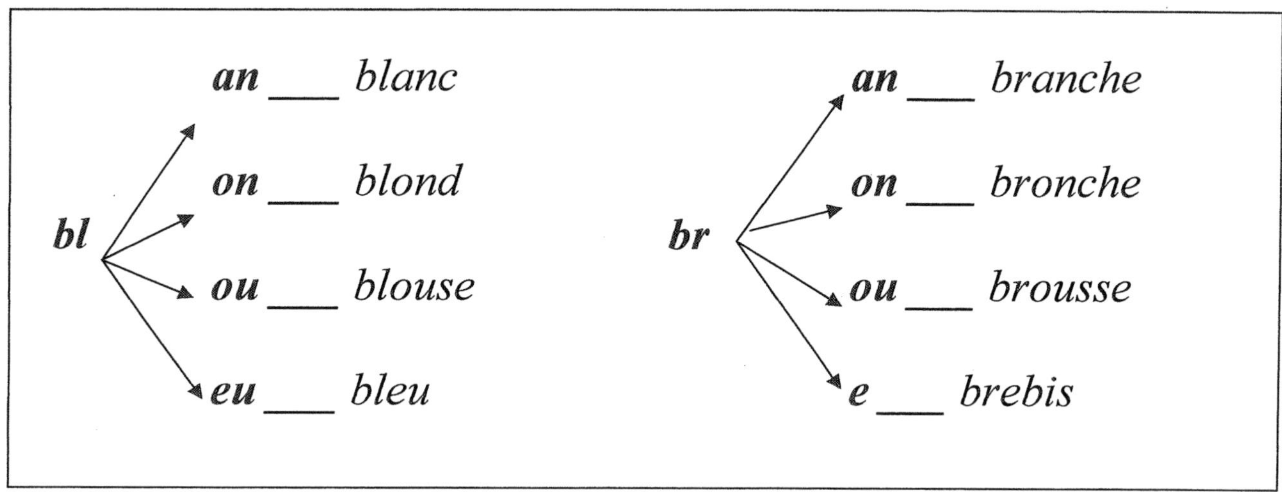

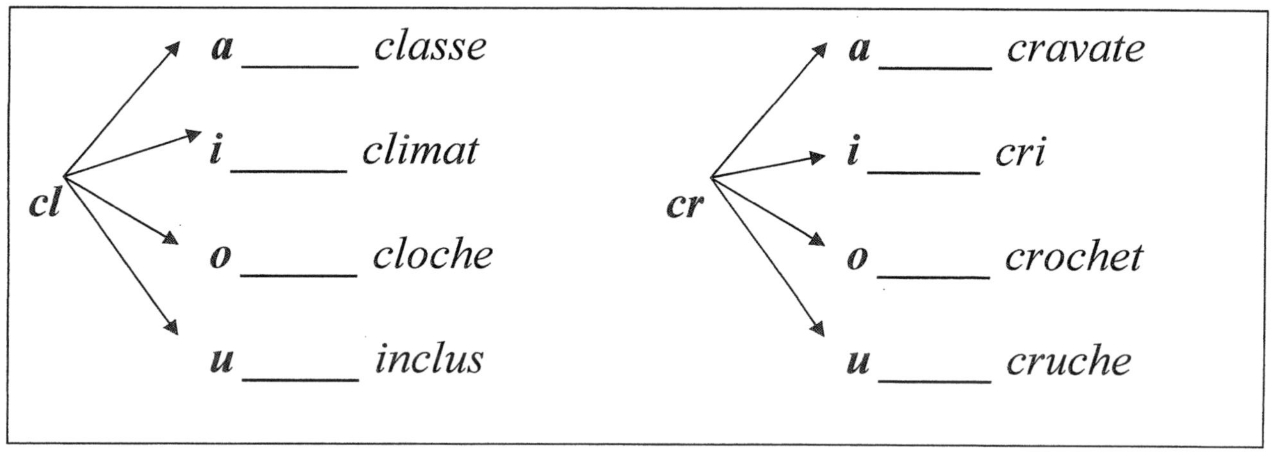

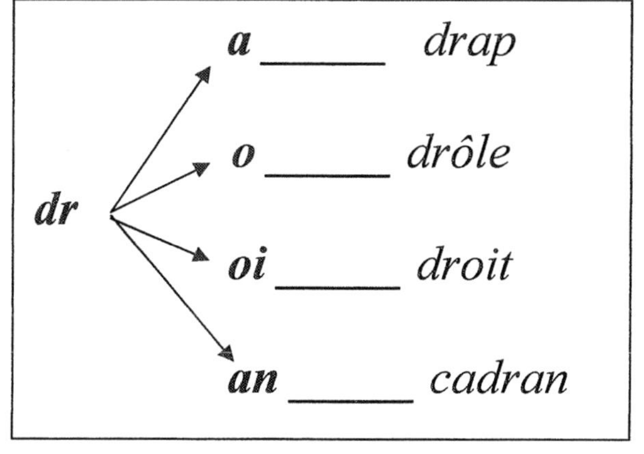

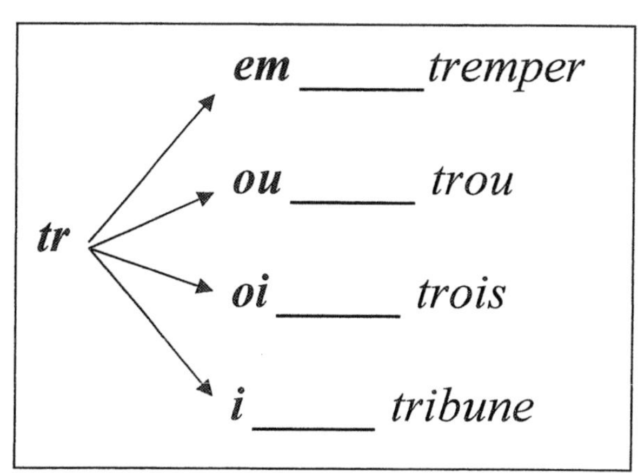

Lire

Lucas a besoin d'une carte d'identité.

Il demande à Arthur où est la mairie.

Arthur ne sait pas et il n'a pas de plan.

Ils demandent des renseignements dans la rue.

Mais il est 11 heures, ils ont peu de temps.

Ils vont à la mairie.

Il est onze heures.

Ils se trompent de rue.

Lucas et son ami Arthur arrivent en retard.

Les bureaux sont fermés.

Séquence 4

A la Mairie

J'ai perdu ma carte d'identité!
Je voudrais une nouvelle carte,
s'il vous plaît.

Bonjour Madame, je voudrais une carte d'identité, s'il vous plaît.
Excusez-moi, je n'ai pas bien compris, que voulez-vous?

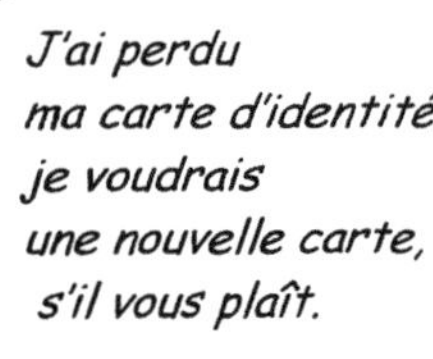
J'ai perdu ma carte d'identité, je voudrais une nouvelle carte, s'il vous plaît.
Avez-vous apporté les papiers nécessaires?
Qu'est-ce qu'il faut?

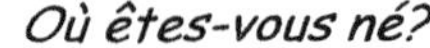
Où êtes-vous né?

Je suis né à Pontoise.

Vous devez demander un extrait d'acte de naissance à la mairie de Pontoise.
Vous avez besoin d'un justificatif de domicile (quittance de loyer, ou facture d'électricité.)
Il faut aussi 2 photos.

Combien de temps faut-il pour avoir une carte d'identité?
Il faudra environ 15 jours.
Mais ce n'est pas possible, j'en ai besoin la semaine prochaine pour mon examen!
Monsieur, je n'y peux rien, il fallait venir plus tôt!
Je vais vous apporter tous les papiers avant la fermeture, pourrez-vous, s'il vous plaît, faire quelque chose pour moi?
Je vais essayer, mais je ne vous promets rien.
Oh! je vous remercie, ce serait formidable.

Le son <oi>

Le formateur lit le texte que les stagiaires ne voient pas. Ils doivent repérer les sons <oi>

Lucas est à la mairie.

Les bureaux sont ouverts, cette f**oi**s.

Il a besoin d'une carte d'identité.

Il d**oi**t apporter un acte de naissance.

Il est né à Pont**oi**se, c'est loin de Paris!

Mais il a un acte de naissance chez lui,

c'est moins loin que Pont**oi**se.

Il va fall**oi**r revenir à la mairie.

J'entends <oi> dans: fois doit Pontoise Pontoise falloir

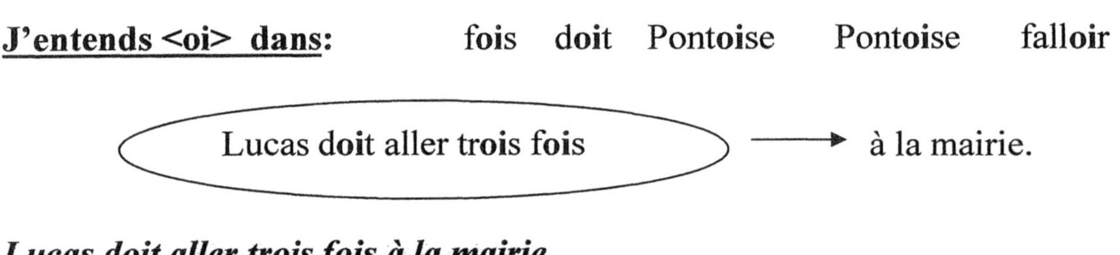

Lucas doit aller trois fois à la mairie.

Voilà! il va falloir revenir!

1 **J'entends <oi> je vois oi je souligne oi**

Lucas est à la mairie.

Les bureaux sont ouverts, cette fois.

Il a besoin d'une carte d'identité.

Il doit apporter un acte de naissance.

Il est né à Pontoise, c'est loin de Paris!

Mais il a un acte de naissance chez lui,

c'est moins loin que Pontoise.

Il va falloir revenir à la mairie.

2 **Entourer, dans le texte, les mots:** | **fois Pontoise doit falloir** |

Lucas est à la mairie.

Les bureaux sont ouverts, cette fois.

Il a besoin d'une carte d'identité.

Il doit apporter un acte de naissance.

Il est né à Pontoise, c'est loin de Paris!

Mais il a un acte de naissance chez lui,

c'est moins loin que Pontoise.

Il va falloir revenir à la mairie.

3 **Discrimination visuelle.**

Repérer rapidement et entourer les mots identiques au mot souligné.

mairie	marie	soirée	mairie	mardi	mairie	lire	marié	mars	
doit	boit	loi	doit	noir	doit	soir	voir	doit	toit
falloir	faut	foire	falloir	valoir	revoir	falloir	faille	fille	
fois	poire	croire	fois	parfois	fois	foie	fois	foire	froid

4 **Compléter les mots avec les sons:** | **an oi é i ai en** |

id - - tité	m - - rie	fall - - r	fam - lle
- - f - - t	pr - nom	naiss - - ce	v - - ture

5 **La lettre, le son, le mot.**

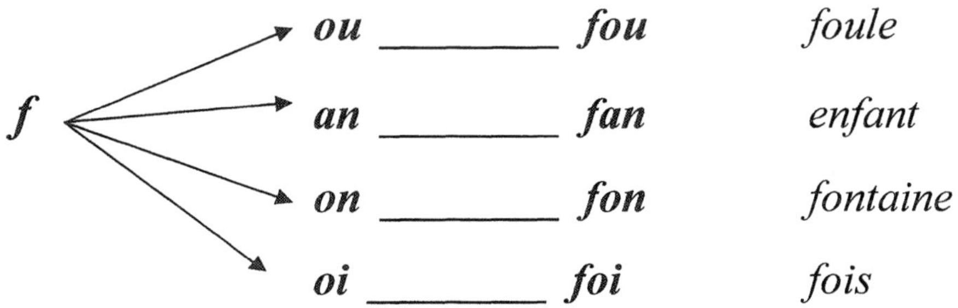

foule

enfant

fontaine

fois

ph

photo **ph**armacie élé**ph**ant magnéto**ph**one **ph**are

Le son <oin>

Le formateur lit le texte que les stagiaires ne voient pas. Ils doivent repérer les sons <oin>

Lucas est à la mairie.

Les bureaux sont ouverts cette fois.

Il a bes**oin** d'une carte d'identité.

Il doit apporter un acte de naissance.

Il est né à Pontoise, c'est l**oin** de Paris!

Mais il a un acte de naissance chez lui,

c'est m**oin**s l**oin** que Pontoise.

Il va falloir revenir à la mairie.

J'entends <oin> dans: besoin loin moins loin

Lucas a bes**oin** → d'une carte d'identité.

Lucas a besoin d'une carte d'identité.

Pontoise est l**oin** → de Paris.

Pontoise est loin de Paris.

---

1 **J'entends** **<oin>** **je vois** **oin** **je souligne** **oin**

Lucas est à la mairie.

Les bureaux sont ouverts, cette fois.

Il a besoin d'une carte d'identité.

Il doit apporter un acte de naissance.

Il est né à Pontoise, c'est loin de Paris!

Mais il a un acte de naissance chez lui,

c'est moins loin que Pontoise.

Il va falloir revenir à la mairie.

2 **Entourer, dans le texte, les mots:** | besoin loin moins |

Lucas est à la mairie.

Les bureaux sont ouverts, cette fois.

Il a besoin d'une carte d'identité.

Il doit apporter un acte de naissance.

Il est né à Pontoise, c'est loin de Paris!

Mais il a un acte de naissance chez lui,

c'est moins loin que Pontoise.

Il va falloir revenir à la mairie .

3 **La lettre, le son, le mot.** *compléter les mots.*

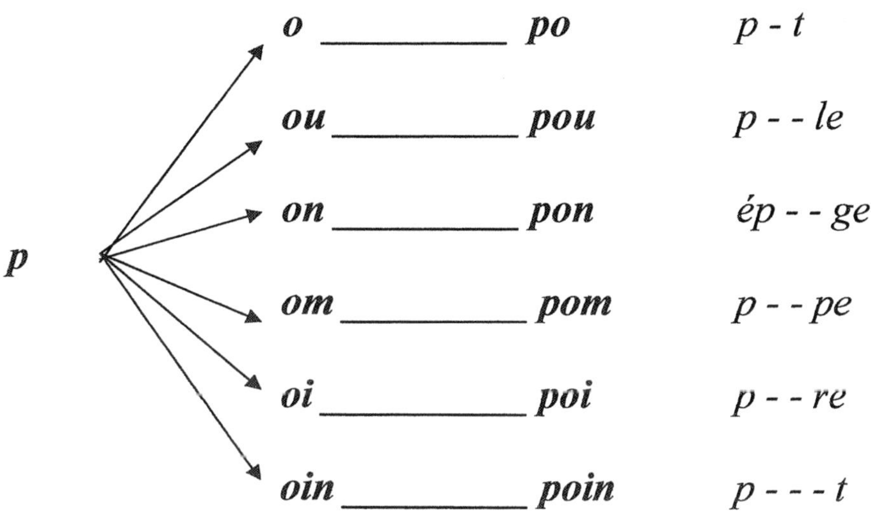

p - t

p - - le

ép - - ge

p - - pe

p - - re

p - - - t

4 **Discrimination visuelle.**

Repérer rapidement et entourer les mots identiques au mot souligné.

besoin	bien besoin boire blouse besoin point bison besoin
falloir	faut falloir foire noir loin foin falloir faille fouille
naissance	aisance naissance connaissance naître naissance plaisance
carte	croûte écarté carte cartable carte carte carotte corde
famille	feuille famille faillite familiale famille familial famille

5 **Compléter les mots avec:**

o	ou	oi	oin	on	om

p - - le

p- - - t

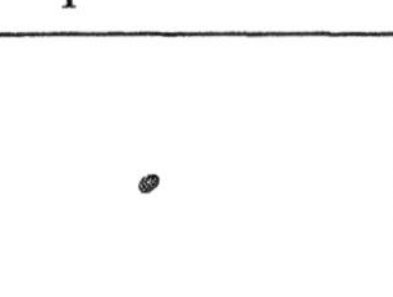

b - - le

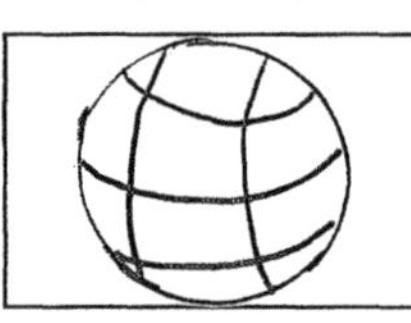

v - - ture

lavab -

m - - - s

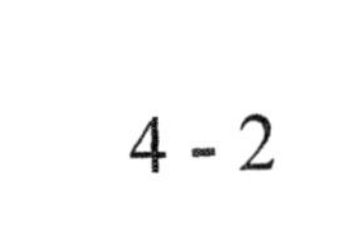

m - - tre

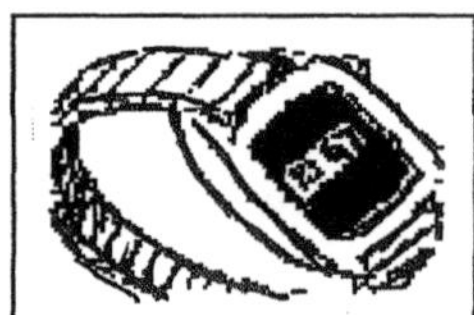

p - - pier

6 **Reconstituer les mots.**

da | me | ma ______________________

ta | pan | lon ______________________

na | me | pro | de ______________________

7 **Relier les deux parties d'une phrase.**

Arthur habite	mal à la tête.
La voisine a	Lucas.
Elle s'appelle	à l'hôpital.
Il s'appelle	Maria.
Maria travaille	rue de Rome.

8 **Mettre les phrases dans un ordre logique.**
(avec des numéros ou en écrivant)

C'est la mère d'Arthur.

Le téléphone sonne.

Lucas répond.

fl fr pl pr vr + son → mot

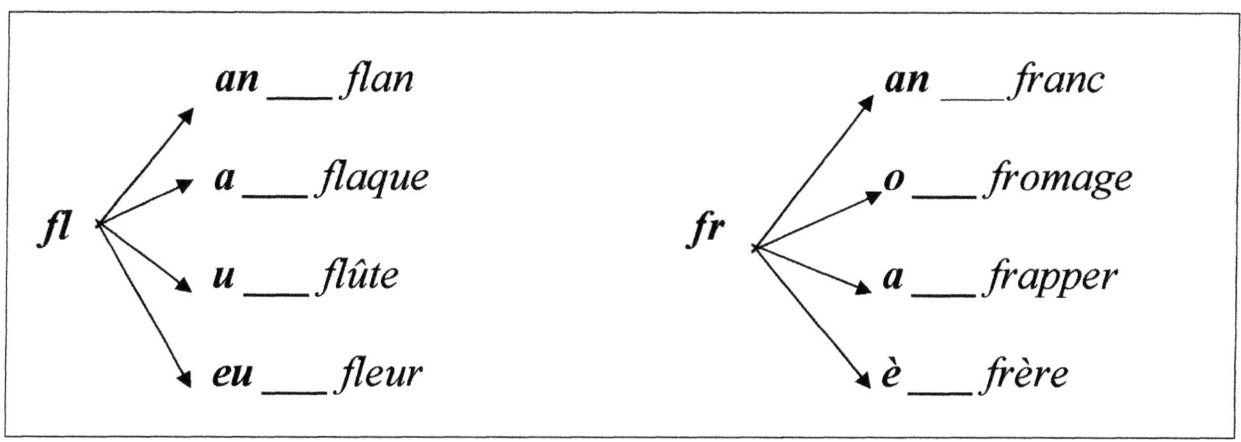

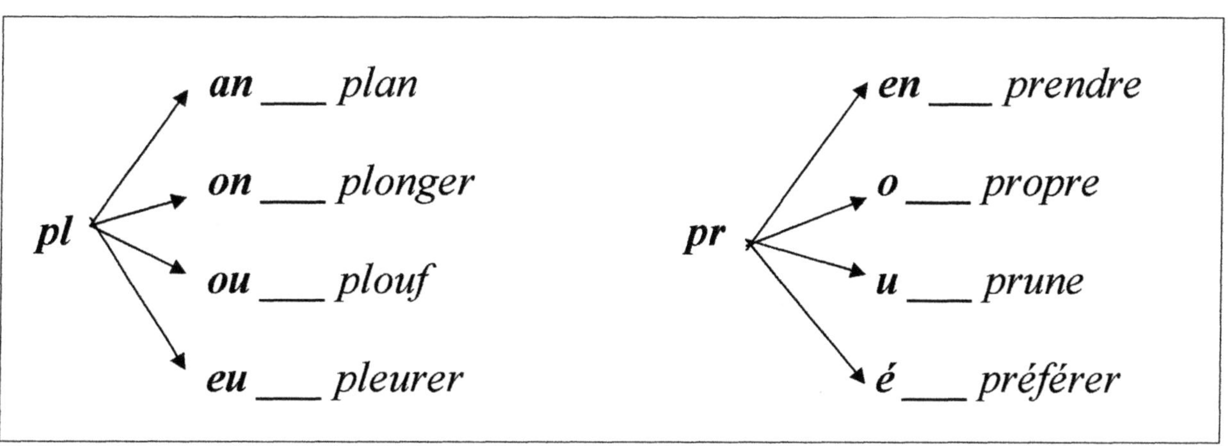

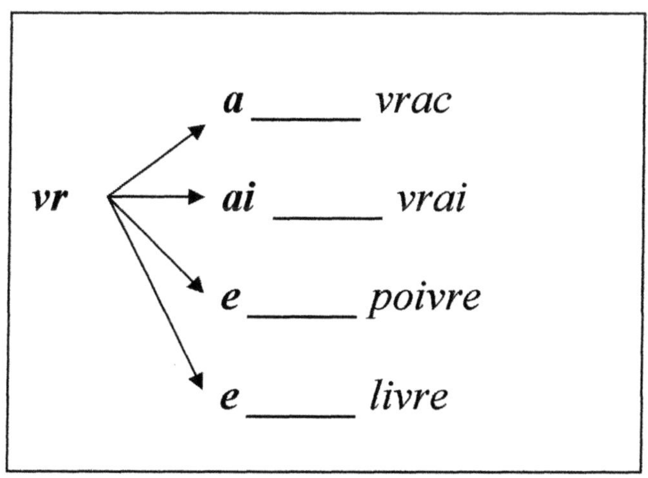

Le son <ui>

Lucas va chercher un acte de naissance chez lui.

Ensuite, il va revenir à la mairie.

Aujourd'hui, elle ouvre à huit heures.

J'entends <ui> dans:

l**ui** ens**ui**te aujourd'h**ui** h**ui**t

1 Trouver des mots où l'on entend <ui>:

exemple: parapl**ui**e, h**ui**le dep**ui**s

2 pl, br, tr, fr, avec le son <ui>

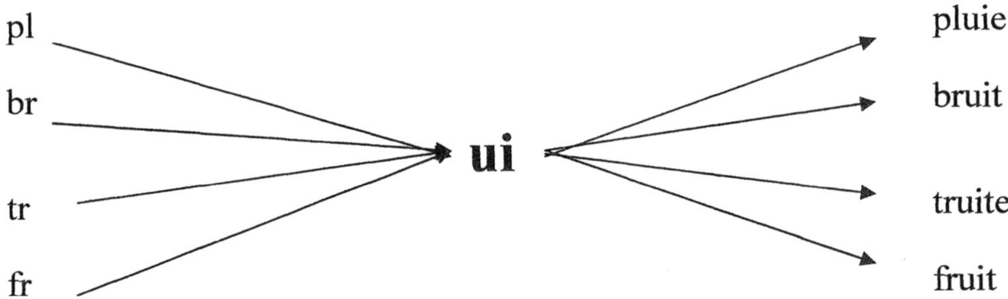

3 Compléter les phrases avec: ui oi oin

Aujourd'h - -, j'ai bes - - - d'un parapl - - e.

Le ciel est très n - - r, ce s - - r.

Je v - - s tr - - s enfants au l - - - .

Je s - - s sous la pl - - e dep - - s ce matin.

4 Compléter le texte avec les mots suivants: pluie bruit aime nuit

Sous le soleil ou sous la _ _ _ _ _ .

Le jour ou la _ _ _ _.

Dans le silence ou dans le _ _ _ _ _.

J'_ _ _ _ toujours Paris.

Le mot - la phrase - le texte

1 **Reconstituer les mots.**

ti | den | i | té ________________

rie | mai ________________

ments | ren | sei | gne

---

2 **Relier les deux parties d'une phrase.**

Les bureaux	demandent des renseignements.
Pontoise	répond au téléphone.
Arthur et Lucas	est loin de Paris.
Lucas	sont ouverts.

3 **Reconstituer la phrase avec des numéros comme ci-dessous.**

part	Julie	en voyage.
2	1	3

va | à | Lucas | l'hôpital.

midi. | Aujourd 'hui | ferme | mairie | à | la

4 **Repérer et séparer les mots, écrire la phrase:**

Lucasrépondautéléphone.

Lucas/répond/au/téléphone.

Lucas répond au téléphone.

ArthurLucasetMariasonttroisamis.

____

5 **Mettre les phrases dans un ordre logique.** *(avec des numéros ou en écrivant)*

Il doit revenir. - Lucas va à la mairie. - Les bureaux sont fermés.

Lire

Aujourd'hui, Arthur et Lucas retournent à la mairie.

Mais Lucas n'a pas son acte de naissance.

Il doit revenir chez lui.

Il a enfin tous ses papiers!

Il revient vite à la mairie.

Il a besoin de sa carte d'identité.

L'employée lui dit: «votre carte d'identité sera prête la semaine prochaine.»

Lucas la remercie.

Séquence 5

Au Marché

Que faut-il acheter pour notre fête de ce soir?
Faisons d'abord notre menu. Pour l'apéritif, des crevettes, et des crudités avec de la mayonnaise. Ensuite, une salade composée. Puis des brochettes de poulet.
C'est très bien; et pour le dessert, faisons des crêpes, nos amis nous aideront à les faire.
Dépêchons-nous de faire les courses.
Bonjour monsieur, je voudrais une botte de radis, un kilo de carottes, un chou-fleur et une salade verte.
Il faut aussi des tomates, des poivrons et des oignons pour les brochettes.
Donnez-nous un kilo de tomates, 2 poivrons et un kilo d'oignons.
Combien en voulez-vous?
Non merci, Combien vous doit-on ?
Désirez-vous autre chose?

Les radis une botte 1,20 euro,
les carottes 1 kilo 1,25euro,
le chou-fleur 1,50 , la salade 1,45 ,
les tomates 1 kilo 2,30 euros, les poivrons 1 euro,
les oignons 1 kilo 1,10 euro, ça fait 9 euros 80.
Voilà!
Voilà votre monnaie.
Au revoir, monsieur!
Bonjour madame, 500 grammes de crevettes, s'il vous plaît.
Bonjour monsieur, je voudrais du poulet pour faire des brochettes pour 10 personnes, s'il vous plaît.
Regardez les belles crevettes! Oh! Je me suis trompé de sac, ce ne sont pas des crevettes! Ce sont des moules!

Le formateur lit le texte que les stagiaires ne voient pas. Ils doivent repérer les sons <é>

Les trois amis préparent une fête.
Ils vont faire leur marché.
Ils doivent acheter des légumes.
Ensuite ils doivent aller chez la crémière.
Ils ont besoin de lait et de farine pour les crêpes.
Lucas va chez le poissonnier acheter des crevettes.
Elles coûtent treize euros.
Elles sont un peu chères, mais elles sont très fraîches!
Arthur va chez le boucher acheter du poulet.

les préparent marché acheter des légumes aller chez

crémière **et** les chez acheter des chez boucher acheter

Lucas va → acheter du poisson.

Lucas va acheter du poisson.

Les 3 amis vont → acheter des légumes.

Les 3 amis vont acheter des légumes.

1 J'entends <é> je vois et je souligne é er ez et

Les trois amis préparent une fête.

Ils vont faire leur marché.

Ils doivent acheter des légumes.

Ensuite ils doivent aller chez la crémière.

Ils ont besoin de lait et de farine pour les crêpes.

Lucas va chez le poissonnier acheter des crevettes.

Elles coûtent treize euros.

Elles sont un peu chères, mais elles sont très fraîches!

Arthur va chez le boucher acheter du poulet.

2 Entourer, dans le texte, les mots:

acheter	crémière	légumes	préparent	chez
aller	et	boucher	marché	des

Les trois amis préparent une fête.

Ils vont faire leur marché.

Ils doivent acheter des légumes.

Ensuite, ils doivent aller chez la crémière.

Ils ont besoin de lait et de farine pour les crêpes.

Lucas va chez le poissonnier acheter des crevettes.

Elles coûtent treize euros.

Elles sont un peu chères, mais elles sont très fraîches!

Arthur va chez le boucher acheter du poulet.

3 Discrimination visuelle.

Repérer et entourer les mots identiques au mot souligné.

marché — mare marché marcher marche marché marquer démarche marché démarche

lait — lame lit lait allaiter lait lime lait lire haie fait lait laver litre lait livre lait laitier

chez — cher chez nez chat rez chez acheter chez raz chez chère chez

légume — léger légume légal légume lier légitime légume lien légume ligament légume

acheter — achat acheté acheter fâché acheter racheter vacher rachat acheter riche rocher rage

coûter — court cours coûter courte coûte coûter coursier croûte chou coûter soute

4 **Compléter les mots sous les dessins.**

le march -

ch - - le bouch - -

les l – gumes

les radis - - les tomates

5 **Compléter avec** é er et ez

Maria, Arthur - - et Lucas vont all - - au march - .

Ils veulent achet - - ce qu'il faut pour pr – par - - une fête.

Ils vont ch - - le marchand de l – gumes puis ch - - le bouch - -.

6 **Relier les deux parties d'une phrase.**

Ils doivent acheter	mais elles sont très fraîches!
Ils doivent aller	acheter du poulet.
Ils ont besoin de lait	treize euros.
Lucas va chez le poissonnier	des légumes.
Elles coûtent	chez la crémière.
Elles sont un peu chères	acheter des crevettes.
Arthur va chez le boucher	pour les crêpes.

7 **Mettre les phrases dans un ordre logique avec des numéros.**

Tous les trois préparent le repas.

Il achète des crevettes.

Lucas va chez le poissonnier.

Il rentre chez lui avec ses amis.

(le formateur lit le texte que les stagiaires ne voient pas. Ils doivent repérer les sons <è>)

Les trois amis préparent une fête.
Ils vont faire leur marché.
Ils doivent acheter des légumes.
Ensuite, ils doivent aller chez la crémière.
Ils ont besoin de lait et de farine pour les crêpes.
Lucas va chez le poissonnier acheter des crevettes.
Elles coûtent treize euros.
Elles sont un peu chères, mais elles sont très fraîches!
Arthur va chez le boucher acheter du poulet.

fête faire lait crêpes

treize chères très fraîches poulet

Arthur achète → du poulet.

Jean achète du poulet.

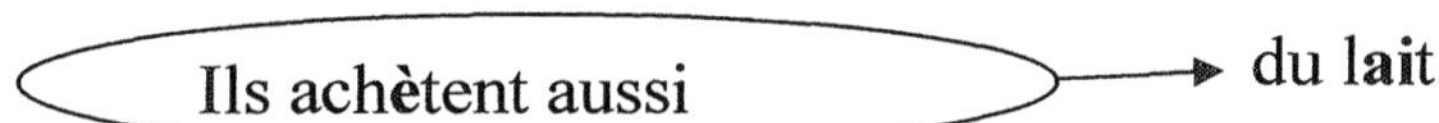

Ils achètent aussi du lait.

1 **J'entends: <è> je vois je souligne è ê ai es ei et**

Les trois amis préparent une fête.

Ils vont faire leur marché.

Ils doivent acheter des légumes.

Ensuite, ils doivent aller chez la crémière.

Ils ont besoin de lait et de farine pour les crêpes.

Lucas va chez le poissonnier acheter des crevettes.

Elles coûtent treize euros.

Elles sont un peu chères, mais elles sont très fraîches!

Arthur va acheter du poulet.

2 **Entourer, dans le texte, les mots:**

poulet	fête	crémière	fraîches	crêpes	chères	lait	treize

Les trois amis préparent une fête.

Ils vont faire leur marché.

Ils doivent acheter des légumes.

Ensuite, ils doivent aller chez la crémière.

Ils ont besoin de lait et de farine pour les crêpes.

Lucas va chez le poissonnier acheter des crevettes.

Elles coûtent treize euros.

Elles sont un peu chères, mais elles sont très fraîches!

Arthur va chez le boucher acheter du poulet.

3 **Discrimination visuelle.**

Repérer et entourer les mots identiques à l'exemple.

faire	foire faim faire fête fuir faire finir faire frite farine
poulet	poules poils poulet boulet piler poulet poulet pilier polie
cher	chéri cher chère chez cher char chien cher chef cher
frais	fraise frire frais froid frais frise frais frais fraisier frais
crème	crème crémier crime crème crâne crème cruche creux
aller	allée allo aller allié aller atelier aller ailier alerte aile

4 **Mettre les mots dans la colonne qui convient.**

é – er - ez		*è – ai – et - ê*
	mère *marché* *acheter* *poulet* *coûter* *légumes* *lait* *tête* *chez* *boucher*	

5 **Compléter avec le son qui convient:** è ai é er ez ei et

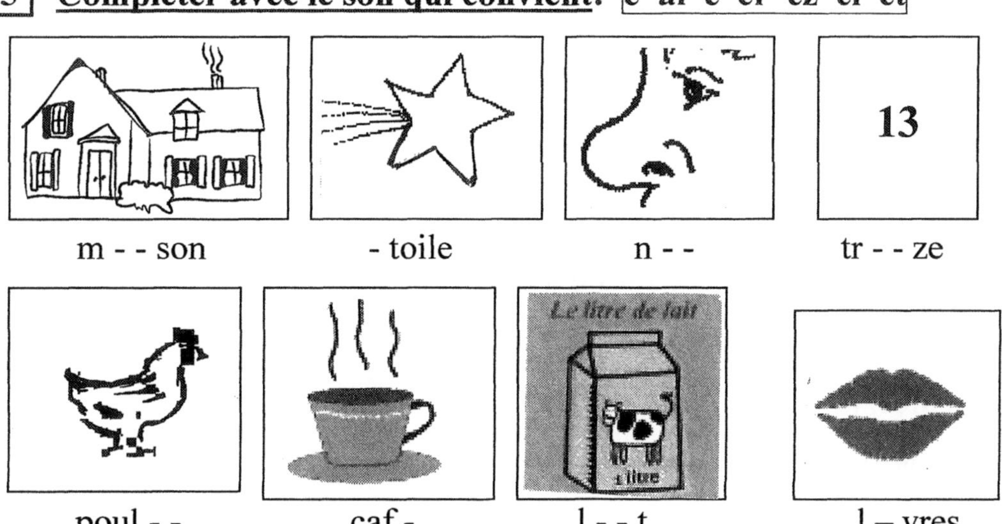

m - - son　　- toile　　n - -　　tr - - ze

poul - -　　caf -　　l - - t　　l – vres

6 **Lire les mots à voix haute.**

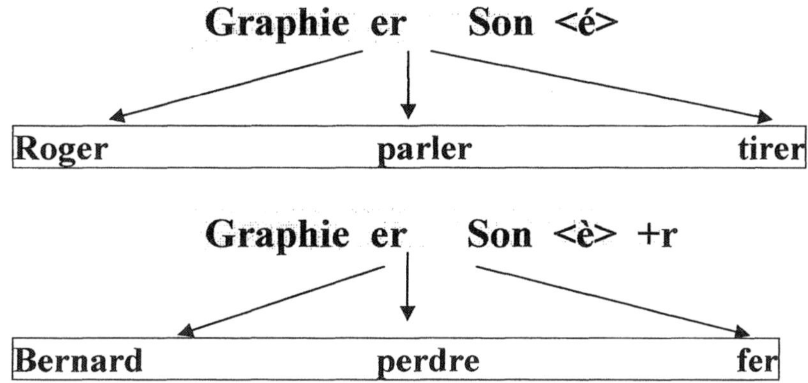

7 **Lire le texte et mettre les mots soulignés dans la colonne qui convient.**

Mercredi, Roger et Bernard vont aller au bord de la mer. Ver-sur-mer est un petit port où il y a toujours un léger vent. Ils n'iront pas déjeuner au bar des pêcheurs qui est fermé en octobre.

graphie er son <é>	*graphie er son <è> + r*

Les sons <e> <eu> <oeu>

Les courses pour **le** repas sont terminées.

Mais ils ont oublié **le beurre** et les **œu**fs pour les crêpes.

Maria v**eu**t aussi des fl**eu**rs pour la table.

A **neuf heu**res, **leu**rs amis vont arriver.

<u>Mettre les mots dans la colonne qui convient.</u>

<e> fermé		*<e> ouvert*
	œufs	
	œuf	
	jeudi	
	neuf	
	repas	
	feu	
	heure	
	cœur	
	vœux	
	pneu	
	nœud	
	deux	
	euro	
	cheveux	
	bœuf	
	chaleur	
	docteur	
	coiffeur	
	le	

Gare Genou Globe Gris signer

♦ **J'entends <g> avec a - o - u mais j'entends <j> avec e - i**

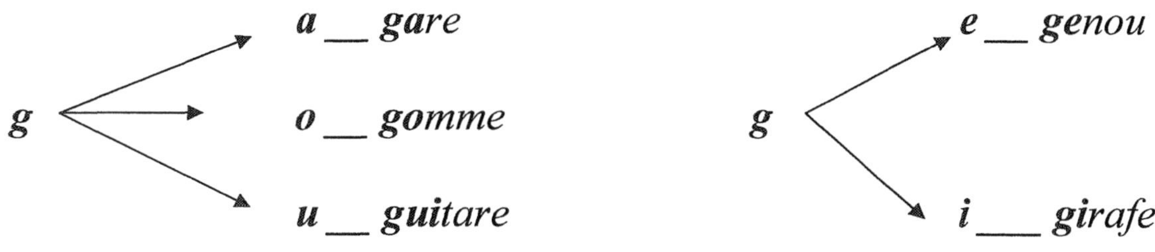

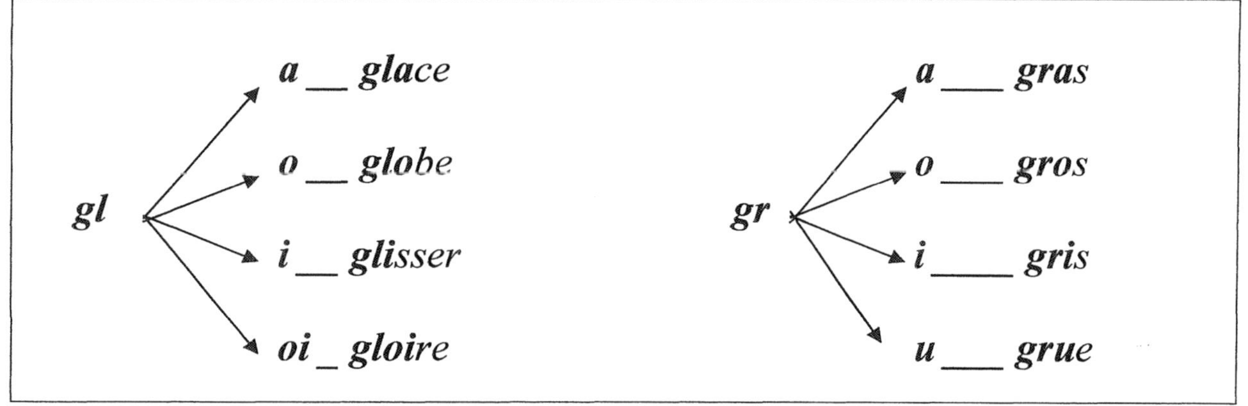

♦ **Lire les mots des tableaux ci-dessous.**

gn
gagner signature agneau montagne campagne araignée peigne poignet champignon vigne soigner

g+ a-o-u	g+ e-i	gn	gl	gr
gai	âge	signer	glue	tigre
gare	nuage	soigner	glace	gros
bague	girafe	beignet	gloire	grue
figure	genou	agneau	église	grappe
gomme	pigeon	baignade	glisser	grippe
légumes	orangeade	rossignol	épingle	progrès

♦ **Discrimination auditive et visuelle; lire les mots à voix haute.**

Gare cigare galette gazon goûter ragoût figue figure

fatigue catalogue guitare guidon

Girafe cirage gilet geste range page gifle géographie fragile

pigeon Georges nageons géant géométrie

♦ **Mettre ces mots dans la case qui convient.**
(écrire les mots)

gare genou cigare magie goûter figure ragoût bougie figue

fatigue catalogue gâteau gigot guitare piège gamelle gai

girafe cirage Georges goutte gilet geste gazon orange page

géographie fragile gorge agiter pigeon gonfler gifle

J'entends <j>	**J'entends <g>**

♦ **Relier l'article au mot qui convient.**

le	fête	**un**	légumes
la	fruits	**une**	boucher
les	marché	**des**	salade

♦ **Le nom, le verbe, la phrase.** ***mettre les phrases au pluriel.***

La phrase au singulier.	**La phrase au pluriel.**
Le poulet est bon.	Les poulets sont bons.
Le poisson est cher.	______________________
Elle achète une tarte.	______________________
Il va au marché.	______________________

♦ **Relier un mot de chaque colonne pour former une phrase.**

Maria	sont	chez le poissonnier
Les 3 amis	va	infirmière
Lucas	achètent	au marché
La salade	est	des légumes
Ils	vont	1,45 €
Les bureaux	coûte	fermés

♦ **Relier chaque produit à sa catégorie.**

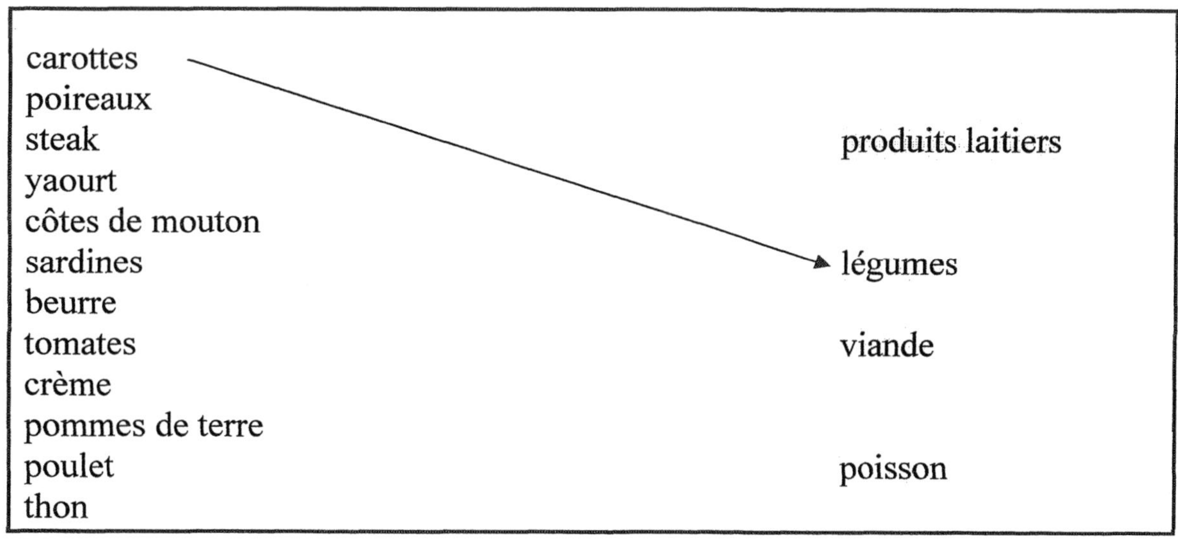

carottes
poireaux
steak
yaourt
côtes de mouton
sardines
beurre
tomates
crème
pommes de terre
poulet
thon

produits laitiers
légumes
viande
poisson

Lire

L'appartement de Lucas et Arthur est enfin installé! Alors, ils décident de faire une petite fête avec des amis. Ils vont au marché avec Maria. Ils vont d'abord chez le marchand de légumes. Ils achètent des carottes, un chou-fleur et une salade. Lucas veut aussi des tomates, des oignons et un poivron pour les brochettes. Arthur achète un poulet et Lucas va à la poissonnerie. Il demande des crevettes, mais il se trompe de sac. Quand il ouvre le sac pour montrer les crevettes à ses amis, il trouve des moules.

Séquence 6

A L'hôpital

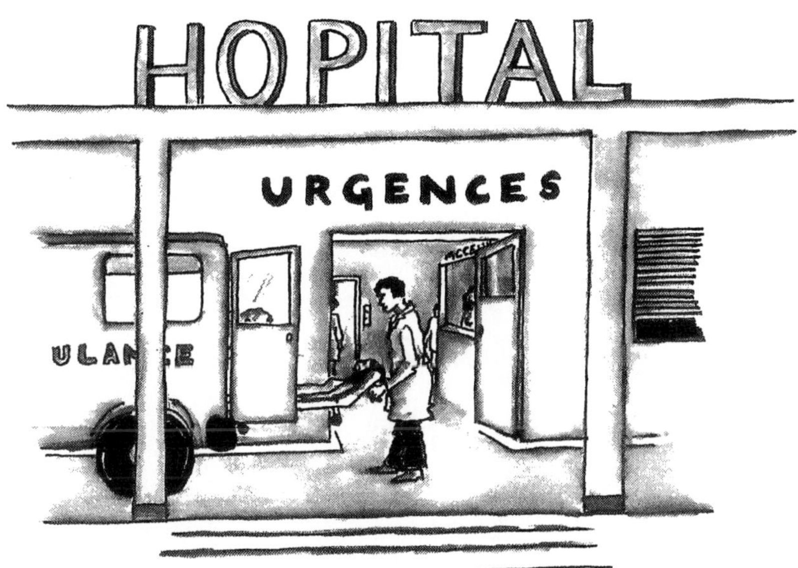

Allo!
Ici le cabinet du docteur Moisan. Le médecin est en visite de 8h à midi. Laissez votre message et votre numéro de téléphone, il vous rappellera dès son retour.
Le médecin est absent. Il faut aller aux urgences à l'hôpital.
Oh non! attendons un peu! ça va passer!
Tu as beaucoup de température, allons-y tout de suite.
Bonjour madame, je voudrais voir un médecin.
Bonjour monsieur. Remplissez cette fiche s'il vous plaît et donnez-moi votre carte de sécurité sociale.
ACCUEIL
Bonjour monsieur. Où avez-vous mal?
J'ai très mal au ventre depuis cette nuit.
Avez-vous de la fièvre?
Ce matin, j'avais 39.8

Qu'est-ce que vous avez mangé hier soir?
J'ai mangé des crevettes et je pense que c'est cela qui m'a rendu malade.
Allongez-vous, je vais vous ausculter. Tirez la langue. Je vais prendre votre tension. Elle est un peu élevée, mais ce n'est pas grave. C'est une intoxication alimentaire. Vous allez vous mettre à la diète 2 jours. Buvez beaucoup d'eau et mangez seulement des légumes bouillis. Je pense que demain déjà,vous irez mieux. Je vous fais une ordonnance. Prenez ces médicaments 5 jours pour éviter les douleurs d'estomac.
Merci docteur. Au revoir.
Alors qu'est-ce que tu as?
Les crevettes m'ont empoisonné. Oh! la! la! je ne pourrai pas aller en cours jusqu'à mardi!

Le son <ain>

Le formateur lit le texte que les stagiaires ne voient pas. Iils doivent repérer les sons <ain>

Lucas est malade, il n'a pas f**ain**, il se pl**ain**t beaucoup!

Il a mal au ventre et aux r**ein**s.

Alors, Arthur appelle **un** médec**in**.

Le médec**in** est absent et ils vont à l'hôpital.

A l'hôpital, on l'ausculte et on lui dit que c'est une **in**toxication.

Ce n'est pas très grave, ça ira mieux dem**ain**.

J'entends <ain> dans:

fai**m** | plai**nt** | rei**ns** | **un** | médec**in**

médec**in** | **in**toxication | dem**ain**

Lucas consulte **un** médec**in**

Arthur ne consulte pas de médec**in**

Lucas consulte un médecin.

Arthur ne consulte pas de médecin.

Arthur a f**aim**

Lucas n'a pas f**aim**

Arthur a faim.

Lucas n'a pas faim.

1 **J'entends** <ain> **je vois** **je souligne** **ain** **un** **ein** **in**

Lucas est malade, il n'a pas faim, il se plaint beaucoup!

Il a mal au ventre et aux reins.

Alors, Arthur appelle un médecin.

Le médecin est absent et ils vont à l'hôpital.

A l'hôpital, on l'ausculte et on lui dit que c'est une intoxication.

Ce n'est pas très grave, ça ira mieux demain.

2 Entourer, dans le texte, les mots:

hôpital	médecin	demain	malade	rein	ventre	absent	faim

Lucas est malade, il n'a pas faim, il se plaint beaucoup!

Il a mal au ventre et aux reins.

Alors, Arthur appelle un médecin.

Le médecin est absent et ils vont à l'hôpital.

A l'hôpital, on l'ausculte et on lui dit que c'est une intoxication.

Ce n'est pas très grave, ça ira mieux demain.

3 Discrimination visuelle.

Repérer rapidement et entourer les mots identiques au mot souligné.

médecin mérite médecin métier médecin médical médicament

demain dessin demi demain mien demain pain daim demain

faim famine foin faim fin fouine faim ravin faim farine

un un lin une lundi un pin un plume un lune aucun

rein rein sein sien peint plein rein teint rien bien sain

4 Mettre les mots dans la colonne qui convient.

ain un in im ein		*ien*
	pain *main* *lien* *rien* *sapin* *bien* *combien* *lundi* *intérêt* *chien* *timbre* *impoli* *maintenant* *mien*	

5 Relier le mot au dessin.

peinture chien main pain gardien lundi mécanicien sapin

LUNDI
MARDI
MERCREDI
JEUDI
VENDREDI
SAMEDI
DIMANCHE

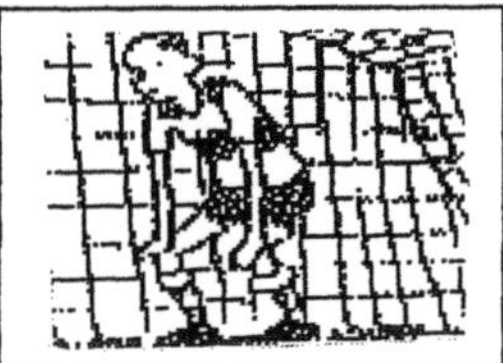

6 Compléter avec: un ain in aim ein ou ien

Lucas a mal aux r - - - s et il n'a pas f - - - .

Le médec - - lui a donné - - régime et des médicaments.

Dem - - - , il ira mieux s'il suit b - - - son régime.

7 Discrimination auditive et visuelle.

♦ ***Lire les mots.***

ein/ien	ain/ian	oin/ion
rein rien	main amiante	loin lion
sein sien	vain viande	point pion
teint tient	bain ambiance	moins camion
peintre lien	étain étudiant	soin mission

♦ ***Ecrire les mots en ien, ian, ion, qui sont dans la même case que:***

rein __________________

main __________________

loin __________________

Les sons
<ill> <ail> <eil> <euil> <ouille>

Lucas se réveille et bâille.

Il n'a pas bien dormi.

Aujourd'hui, il ne mangera que des légumes bouillis.

Et il boira une bouteille d'eau.

Puis il se reposera dans un fauteuil.

ail aille	eil eille	euil euille	ill	ouill
un bail	le réveil	le seuil	la fille	fouiller
une taille	le soleil	le treuil	gentille	mouiller
un travail	l'oreille	la feuille	la quille	le brouillard
un caillou	l'appareil	le fauteuil	la vanille	la bouilloire
une bataille	la bouteille	le portefeuille	la famille	la grenouille

1 Discrimination visuelle.

conseil conseillé conseil commun cousine conseil cousu

corbeille corbeau abeille corbeille conseiller corbeille

famille familial famille vanille familier famille feuille

accueil accueillir accoler accueil écueil écuelle accueil

travail travailler trouvaille travail treuil travail triller

2 Compléter les mots avec les sons: **aille ille eil y**

La fam - - - - d'Arthur n'habite pas à Paris.

Ses parents habitent dans le midi, ils aiment le sol - - - .

Son père trav - - - - - dans une agence de vo – age à Marseille.

Il y a trois enfants dans la fam - - - -, deux garçons et une f - - - - .

Exercices

♦ **Lire ces phrases et mettre les mots soulignés dans la colonne qui convient.**

Dès leur réveil, les yeux de Daniel et Mireille se tournent vers le ciel.

Au premier rayon du soleil, ils se baignent et contemplent le bleu du ciel.

<eil>	<iel>

♦ **Mettre l' article qui convient devant les noms**: **un une** ou **des**

______ fauteuil	______ fauteuils
______ feuille	______ feuilles
______ taille	______ tailles
______ portail	______ portails
______ gril	______ grils
______ grille	______ grilles
______ réveil	______ réveils
______ bouteille	______ bouteilles

♦ **Lire les phrases:**

Les papillons, l'été, nous les voyons dès les premiers rayons!

Voyageons, prenons un avion, à destination de Saint-Emilion!

Y, une lettre, deux sons

Yves tout joyeux va au lycée à bicyclette.
Il a cours de gymnastique, et il adore le sport.
Mais, que c'est ennuyeux! il a oublié son short.
C'est un short rayé aux couleurs de son équipe.
Il y a une semaine, c'est son maillot qu'il n'avait pas.
Heureusement, il a nettoyé ses chaussures et il ne les a pas oubliées.

Y

Yves lycée bicyclette gymnastique type
il y a analyse lys cygne pyjama

Y

ennuyeux rayé nettoyé
payer balayer loyer crayon voyage joyeux rayon
employé nettoyage tuyau rayure

♦ **Mettre les mots dans la colonne qui convient.**

J'entends <i> y isolé ou entre 2 consonnes		***J'entends <ill> y entre 2 voyelles***
	lycée	
	voyage	
	Yves	
	analyse	
	bicyclette	
	rayer	
	crayon	

Singulier - Pluriel

Ecrire la deuxième phrase au pluriel, comme dans l'exemple.

Le médecin **soigne** le malade.

Les médecins **soignent** les malades.

♦ Le garçon **achète** un croissant.

____

♦ Il **est** étudiant.

____

♦ L'enfant **a** un joli ballon.

____

♦ La voiture **roule** dans la rue près de la gare.

____

Relier un mot de chaque colonne pour former une phrase.

Le médecin	**saute**	en voyage
Maria	**sonne**	à l'hôpital
Ma famille	**soigne**	le malade
Mon réveil	**travaille**	dans l'eau
La grenouille	**tombent**	à 7 heures
Les feuilles	**part**	sur le sol

L'ordre alphabétique

<u>Initiation au classement</u>: poire – ananas – kiwi – orange – raisin - fraise

Repérer la première lettre de chaque mot.

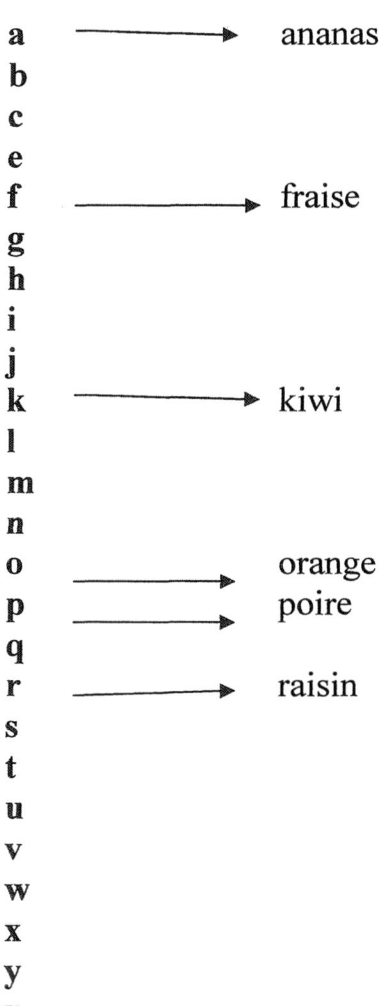

<u>Compléter cette liste avec les mots ci-dessous dans l'ordre alphabétique</u>.

jupe – veste – pantalon – chemise – manteau – écharpe - tunique

<u>Ces mots commencent tous par la lettre</u> <u>c</u>. <u>Classez-les</u>:

chambre cuisine cave couloir

1 ____________________
2 ____________________
3 ____________________
4 ____________________

Lire

Lucas, Arthur et Maria ont passé une bonne soirée.

Mais, le lendemain de la fête, Lucas est malade. Il a beaucoup de température. Arthur téléphone au cabinet du docteur Moisan, mais le docteur est absent. Arthur accompagne Lucas à l'hôpital.

A l'hôpital, le médecin ausculte Lucas et lui dit qu'il s'agit d'une intoxication alimentaire. Il lui donne un régime et quelques médicaments. Lucas est très contrarié, car il a un examen quelques jours plus tard.

Bases Grammaticales

- Ordre alphabétique
- Récapitulatif des sons
- Les déterminants
- Les verbes
- La phrase

Ordre Alphabétique

A a	Anne	amie
B b	Béatrice	bain
C c	Clémence	cuisine
D d	David	doigt
E e	Elodie	étoile
F f	François	feu
G g	Guy	gare
H h	Henri	hutte
I i	Irma	image
J j	Julie	jeu
K k	Karl	kilogramme
L l	Louis	livre
M m	Marie	mur
N n	Noémie	nom
O o	Olivier	olive
P p	Pierre	peintre
Q q	Quentin	quinine
R r	René	rue
S s	Solène	salade
T t	Thérèse	tapis
U u	Ursule	urne
V v	Victor	vin
W w	William	wagon
X x	Xavier	xylophone
Y y	Yack	yack
Z z	Zoé	zèbre

Récapitulatif des Sons

<a>	sable	<é>	téléphone
<e>	le	<er>	aller
<i>	livre	<ez>	chez
<u>	rue	<es>	les
<ou>	roue	<è>	mère
<o>	rose	<ê>	fête
<au>	chaud	<ai>	maison
<eau>	bateau	<et>	poulet
<an>	dans	<oeu>	voeu
<am>	lampe	<eu>	euro
<en>	vendredi		
<em>	emploi		
<on>	rond		
<om>	tomber	<ail>	bail
		<eil>	réveil
<oi>	roi	<euil>	fauteuil
<oin>	coin	<ille>	famille
		<ouill>	mouiller
<ui>	pluie	<y>	payer
		<y>	analyse
<in>	sapin	<ien>	bien
<ain>	pain	<ion>	lion
<ein>	rein	<ian>	viande
<un>	lundi		

Articles définis au singulier

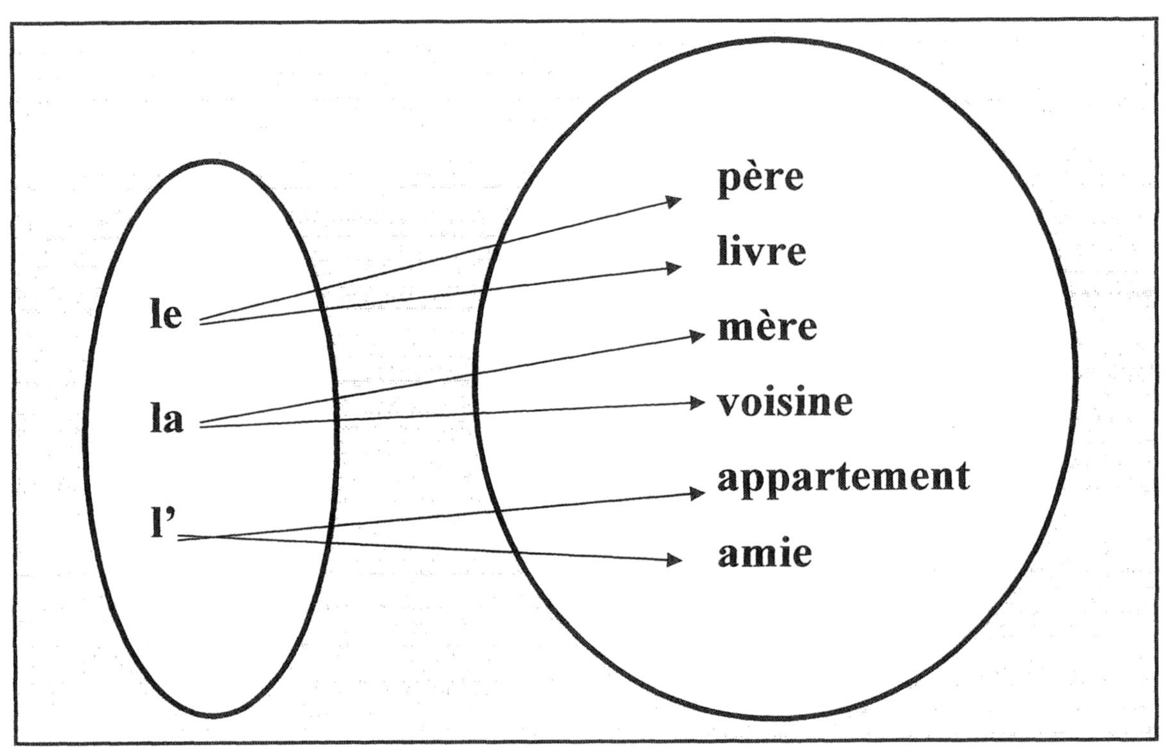

Articles indéfinis au singulier

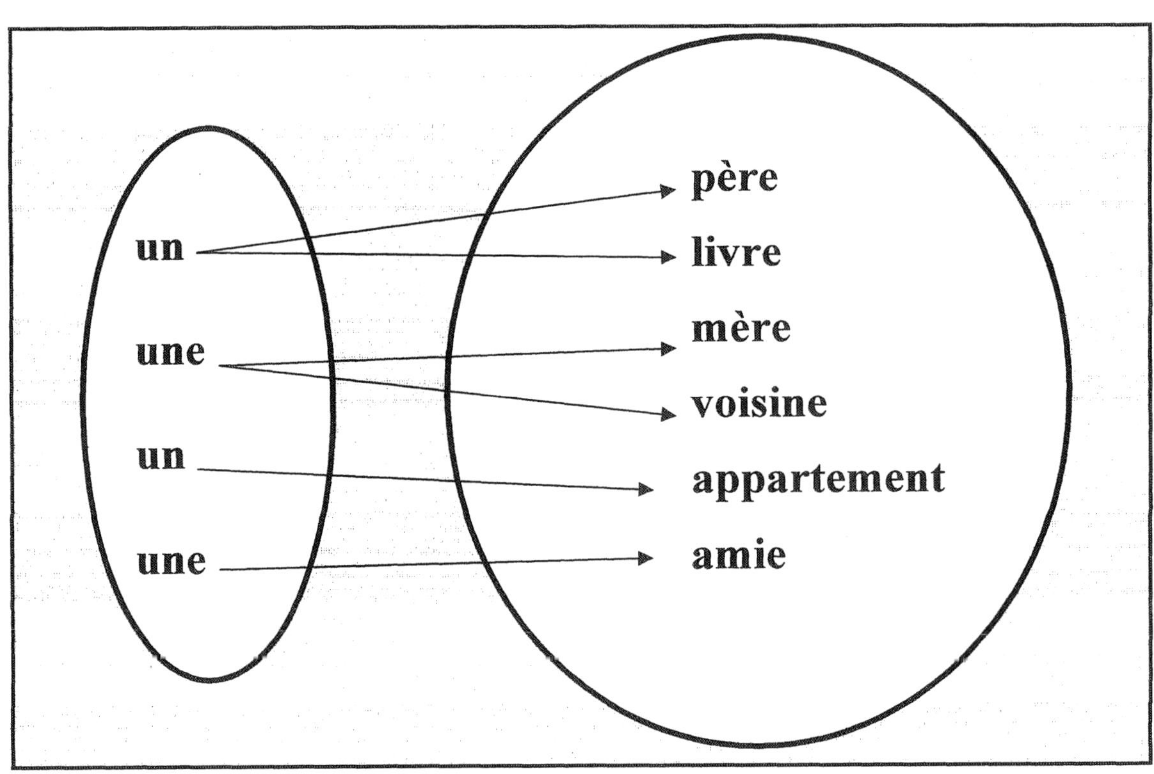

Articles définis au pluriel

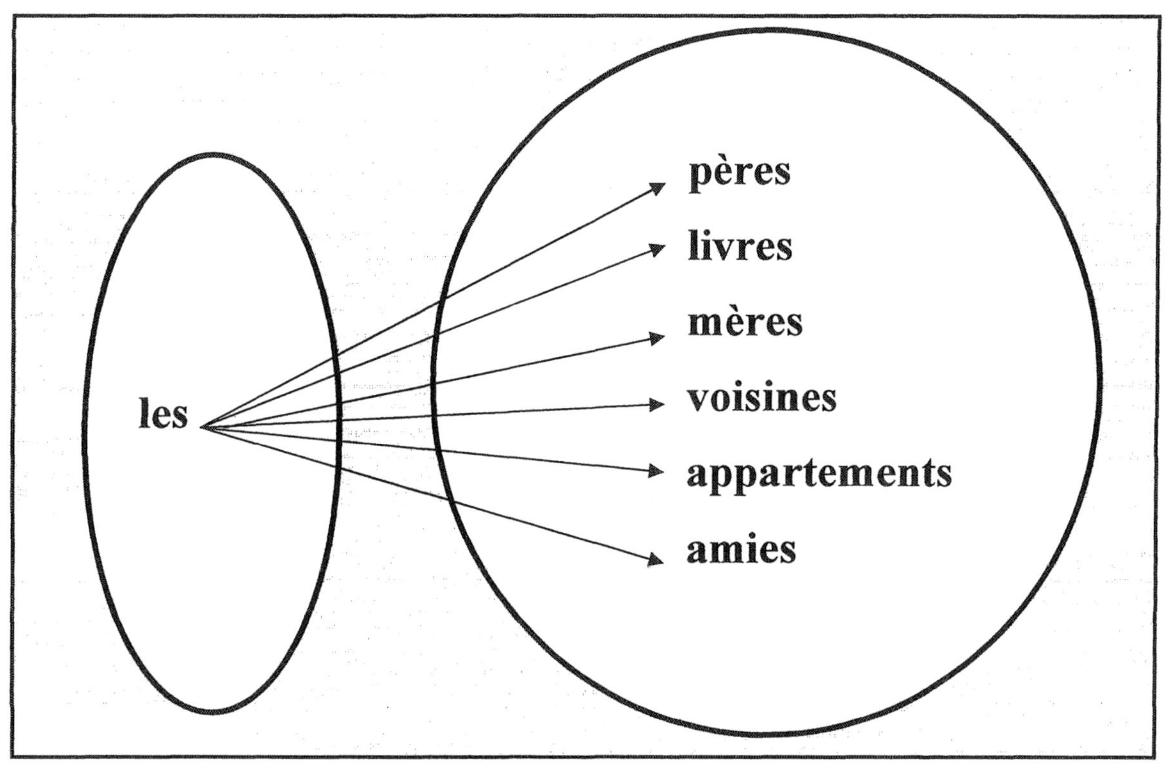

Articles indéfinis au pluriel

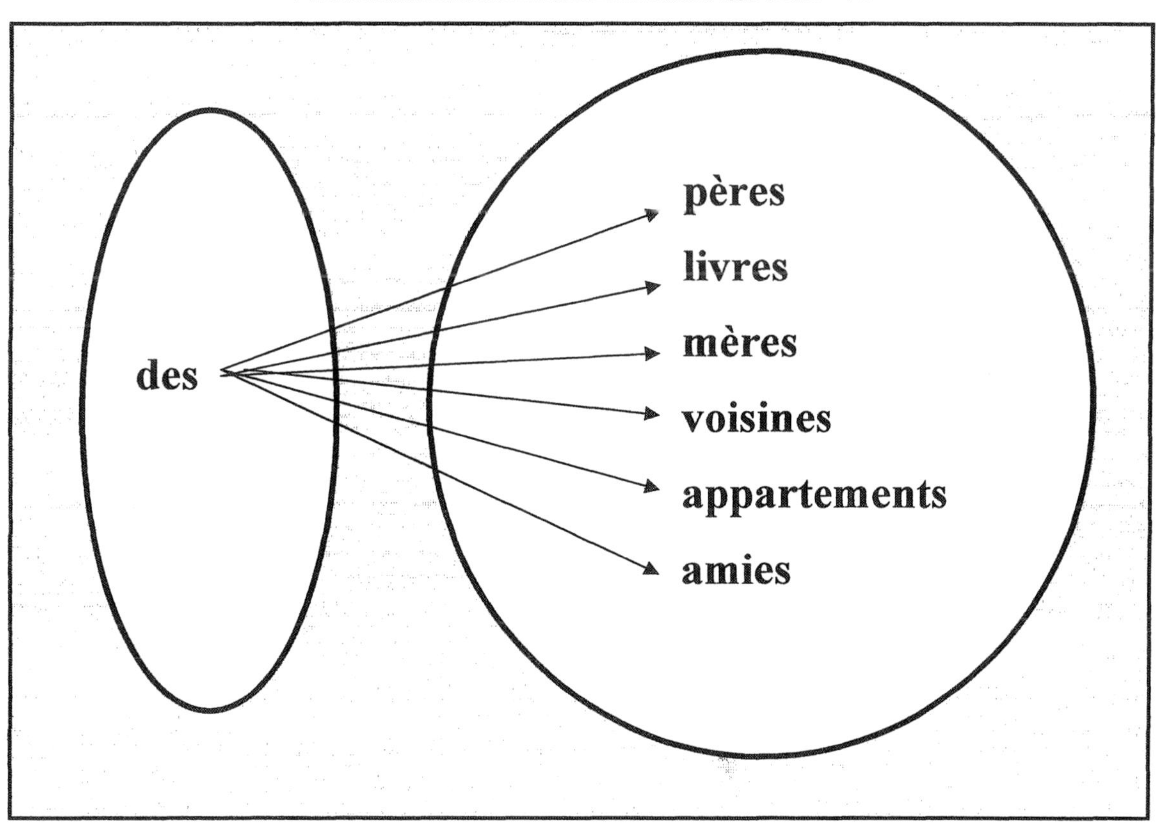

Adjectifs possessifs au masculin singulier

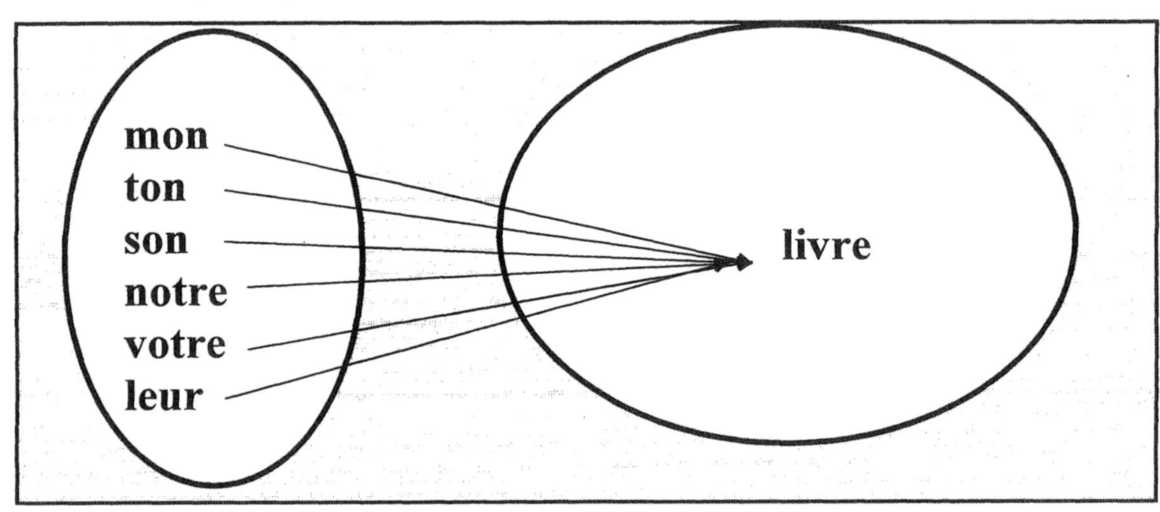

Adjectifs possessifs au féminin singulier

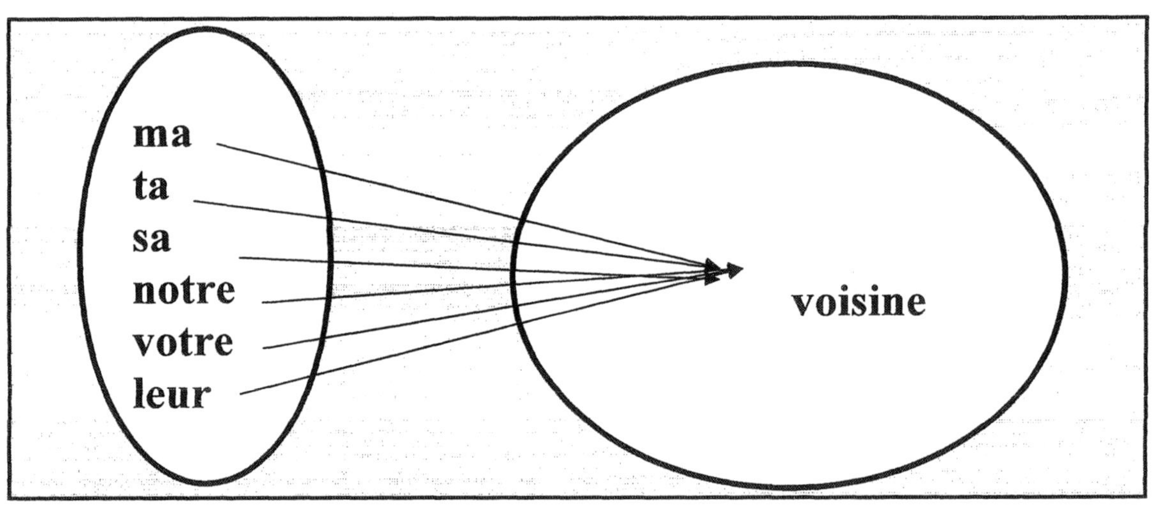

Adjectifs possessifs, masculin et féminin, au pluriel

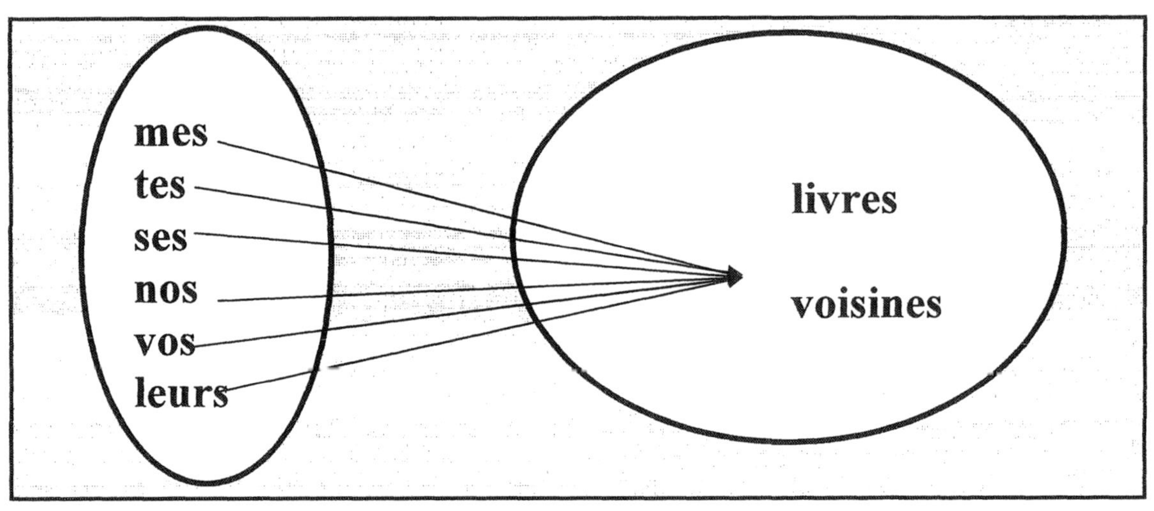

Adjectifs démonstratifs

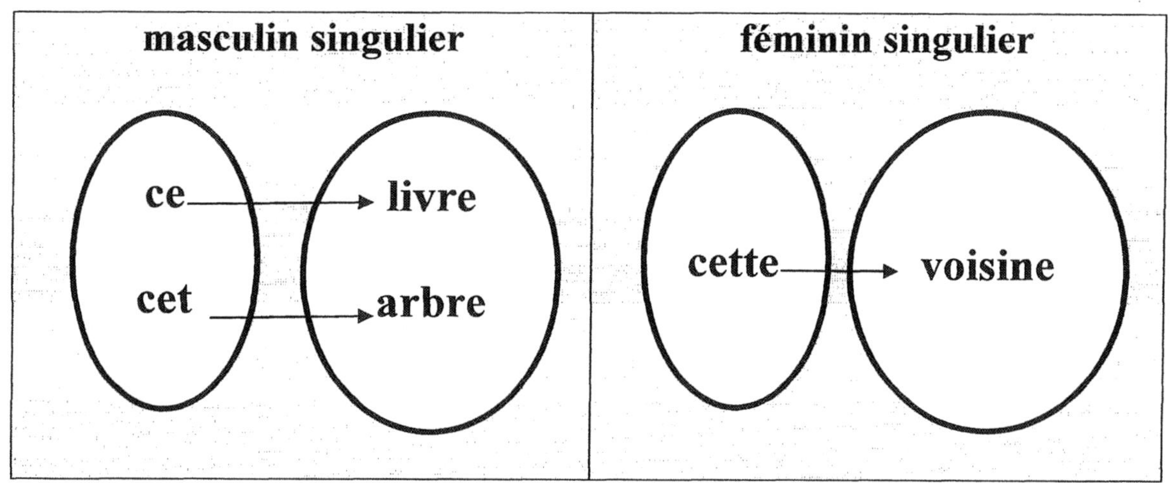

Adjectifs démonstratifs, masculin et féminin, au pluriel

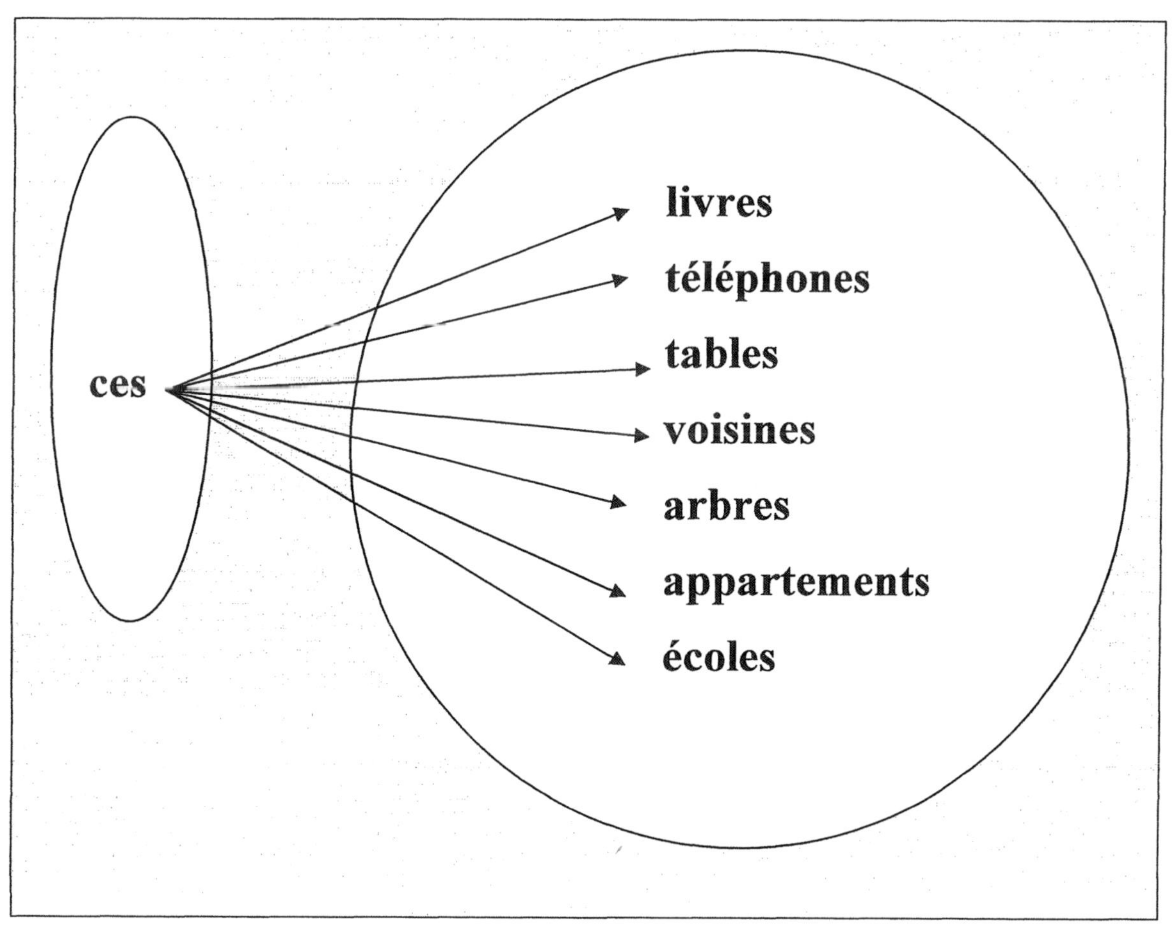

Récapitulatif des déterminants

Masculin singulier

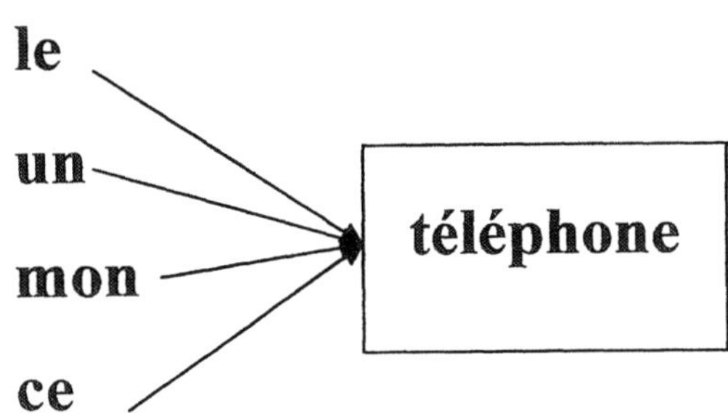

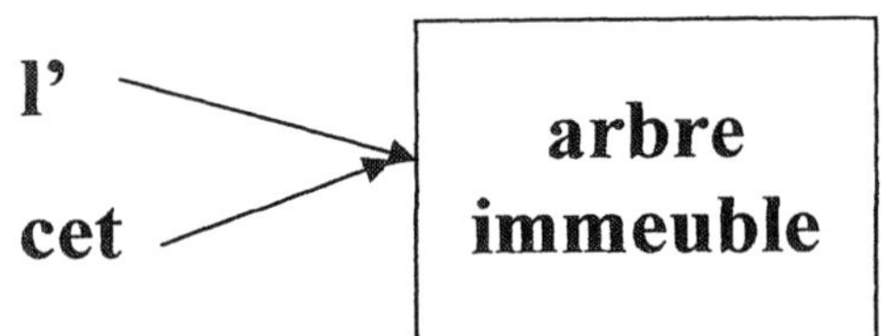

Masculin pluriel

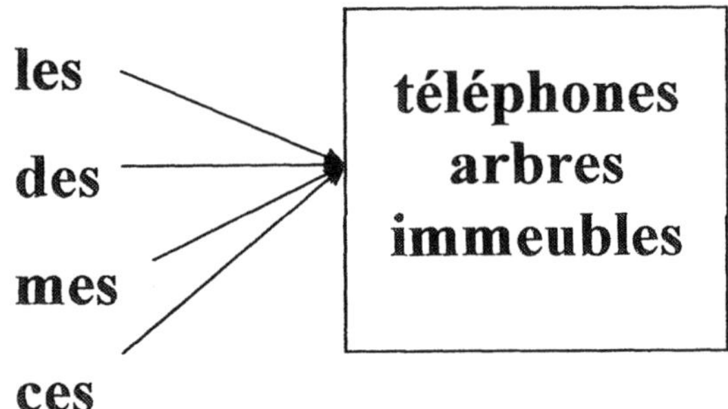

Féminin singulier

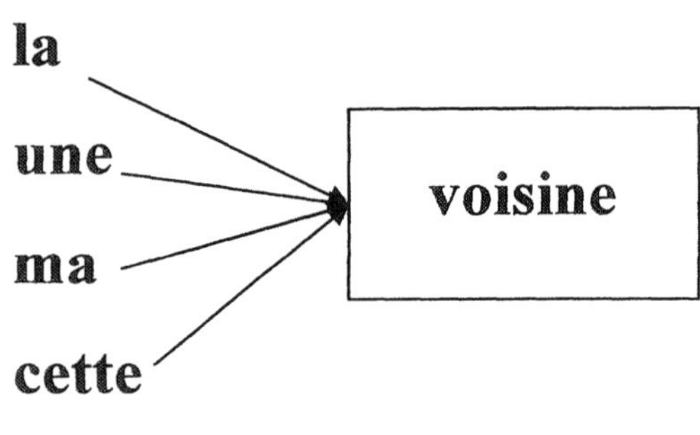

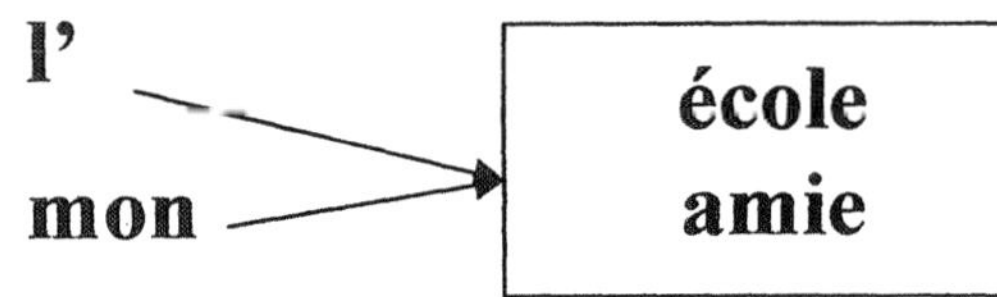

Féminin pluriel

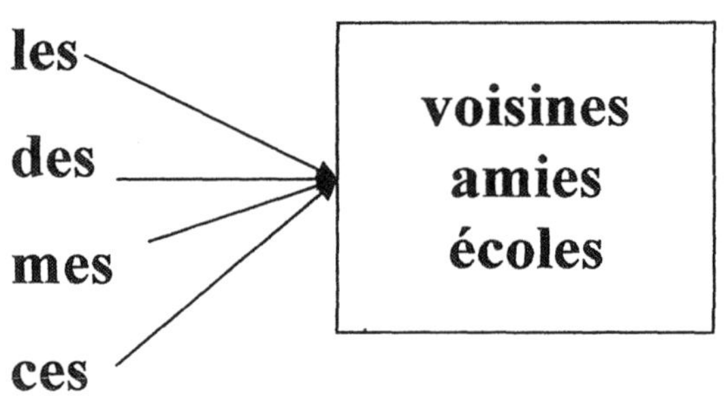

Les verbes

grimper travailler courir

être dans l'arbre

avoir un chapeau

se laver

se reposer

Le sujet - Le verbe

Je travaille chez moi, **je finis** mon devoir.
Tu travailles à la bibliothèque, **tu finis** ton livre.
Lucas travaille en français, **il finit** son devoir.
Maria travaille en espagnol, **elle finit** un texte.

Nous travaillons le vendredi, **nous finissons** les cours.
Vous travaillez le samedi, **vous finissez** la semaine.
Lucas et Arthur travaillent, ils finissent le programme.

travaill**er**	fin**ir**
Je travaill**e**	Je fin**is**
Tu travaill**es**	Tu fin**is**
Il travaill**e**	Il fin**it**
Elle travaill**e**	Elle fin**it**
Nous travaill**ons**	Nous fin**issons**
Vous travaill**ez**	Vous fin**issez**
Ils travaill**ent**	Ils fin**issent**
Elles travaill**ent**	Elles fin**issent**

Je suis en cours, **j'ai** un cours de français.
Tu es à la maison, **tu as** de la fièvre.
Arthur est en cours, **il a** un cours de français.
Maria est à l'hôpital, **elle a** beaucoup de travail.
Nous sommes tous un peu inquiets, **nous avons** un examen bientôt.
Vous êtes bien préparés, **vous avez** beaucoup travaillé.
Arhur et Maria sont contents, **ils ont** .des amis agréables.

être	**avoir**
Je suis	**J'ai**
Tu es	**Tu as**
Il est	**Il a**
Elle est	**Elle a**
Nous sommes	**Nous avons**
Vous êtes	**Vous avez**
Ils sont	**Ils ont**
Elles sont	**Elles ont**

Types de phrases

Travaille !

Le médecin travaille.

Le médecin travaille à l'hôpital.

Le médecin travaille à l'hôpital qui est au centre ville.

Formes verbales

❖ **Forme interrogative**

Les enfants regardent-ils la télévision?

Est-ce que les enfants regardent la télévision?

Les enfants regardent la télévision?

❖ **Forme affirmative**

Oui, les enfants regardent la télévision.

❖ **Forme négative**

Non, les enfants ne regardent pas la télévision.

Achevé d'imprimer par Corlet Numérique - 14110 Condé-sur-Noireau
N° d'Imprimeur : 123900 - Dépôt légal : novembre 2015 - *Imprimé en France*